G Strien

Lehrbuch der französischen Sprache

Teil I, Ausgabe B

G Strien

Lehrbuch der französischen Sprache
Teil I, Ausgabe B

ISBN/EAN: 9783744674546

Hergestellt in Europa, USA, Kanada, Australien, Japan

Cover: Foto ©Paul-Georg Meister /pixelio.de

Weitere Bücher finden Sie auf **www.hansebooks.com**

Lehrbuch

der

Französischen Sprache

von

Prof. Dr. G. Strien,

Direktor des Realgymnasiums der Franckeschen Stiftungen zu Halle a. S.

Teil I.

Ausgabe B:
für Gymnasien und Realgymnasien.

Halle a. S.
Verlag von Eugen Strien.
1894.

Vorwort.

Die im Herbste 1892 veröffentlichte Ausgabe B. meines „Elementarbuches der französischen Sprache" findet nun ihre Fortsetzung in der vorliegenden, für die Untertertia der Gymnasien und Realgymnasien bestimmten Bearbeitung des 1. Teils meines „Lehrbuchs der französischen Sprache". Beide Werke entsprechen genau den Anforderungen der neuen Lehrpläne; in beiden ist die analytischinduktive Methode streng durchgeführt, denn der Lesestoff ist zum Ausgangs- und Mittelpunkte des Unterrichts gemacht und die Grammatik überall aus demselben entwickelt.

Bezüglich der französischen Texte ist ein allmählicher Fortschritt vom Leichteren zum Schwereren und zugleich Mannigfaltigkeit des Inhalts angestrebt. Neben Fabeln, Erzählungen, Gesprächen, Briefen, kleinen Gedichten hat auch die Landeskunde und Geschichte Frankreichs Berücksichtigung gefunden. Der Unterschied von Ausgabe A. besteht darin, daß die schon im Elementarbuch B. benutzten Abschnitte zu den Verben auf ir und re hier natürlich weggeblieben sind, daß einige Lesestücke, die für Untertertianer weniger geeignet schienen, durch andere ersetzt sind, daß endlich in Rücksicht auf den Lehrplan der Realgymnasien Nr. 39—43 hinzugefügt sind.

Die den Lesestücken unter B. beigegebenen Fragen sind allmählich etwas freier gestaltet, nicht nur um früher Gelerntes zu wiederholen und zu verwenden, sondern auch um nach und nach zu einem selbständigeren Gebrauche der Sprache anzuleiten. Daran schließen sich unter C. Aufgaben für die mündliche und schriftliche Einübung der durchgenommenen Formen und Regeln.

Im zweiten Abschnitte habe ich auf Einzelsätze verzichten zu können geglaubt und nur zusammenhängende Stücke zum Übersetzen aus dem Deutschen geboten. Dieselben sind teils Umarbeitungen der entsprechenden französischen Lesestücke, teils inhaltlich von denselben verschieden, doch so gewählt, daß im ganzen der bis dahin angeeignete Wortschatz ausreicht und nur ausnahmsweise die Angabe eines neuen Ausdrucks notwendig wird. Für die Nr. 39—43 habe ich keine deutschen Übungsstücke, wohl aber unter C. einige Aufgaben für kleinere freie Ausarbeitungen hinzugefügt.

In dem Wörter-Verzeichnis sind alle Vokabeln, die im Elementarbuche vorkommen, als bekannt vorausgesetzt und deshalb weggelassen.

Der Abschnitt „Grammatik" der Ausgabe A. ist hier gänzlich fortgefallen, da es nach meiner Ansicht notwendig ist, dem Tertianer die ganze Grammatik, deren Durchnahme ja in der Untersekunda ihren Abschluß erreicht, in die Hand zu geben. Es muß daher neben dem Lehrbuche meine „Schulgrammatik der französischen Sprache", deren erste Abteilung (Laut- und Formenlehre) kürzlich in zwei Ausgaben erschienen ist, gebraucht werden; in welchem Umfange, das ergiebt sich aus den beim Inhalts-Verzeichnisse gemachten Bemerkungen.

Die zweite Abteilung der Schulgrammatik (Satzlehre) soll baldigst folgen, und dann wird es mir hoffentlich vergönnt sein, den längst vorbereiteten 2. Teil meines „Lehrbuches", dessen Vollendung zu meinem lebhaften Bedauern durch verschiedene Umstände verzögert ist, der Öffentlichkeit zu übergeben.

Halle a. S., den 28. Februar 1894.

G. Strien.

Inhalts-Verzeichnis.

I.

Lectures françaises.

1.

L'Allemagne. La France.

A. Nous sommes Allemands. Nous parlons la langue-allemande. L'Allemagne est notre patrie. Elle est au centre de l'Europe: c'est un empire. L'empereur d'Allemagne réside à Berlin. Berlin est la capitale de l'Allemagne; elle est située sur la Sprée.

L'Allemagne a pour limites: au nord la mer du Nord, le Danemark, la mer Baltique; à l'est la Russie; au sud l'Autriche, la Suisse; à l'ouest la France, la Belgique et la Hollande. Nous avons donc pour voisins les Danois, les Russes, les Autrichiens, les Suisses, les Français, les Belges et les Hollandais.

Les Français habitent la France. Ce pays est une république. Les Français ont un président, qui habite Paris. Paris est la capitale de la France; elle est située sur la Seine. Les habitants de la France parlent français.

La France est bornée: au nord par la Belgique, l'Alsace-Lorraine; à l'est par la Suisse, l'Italie; au sud par la mer Méditerranée, l'Espagne; à l'ouest par l'Océan Atlantique et la Manche. Les Alpes

séparent la France de l'Italie, les Pyrénées la séparent de l'Espagne. Les peuples voisins des Français sont donc les Belges, les Allemands, les Suisses,
les Italiens et les Espagnols.

B. 1. Quel pays habitez-vous? 2. Quelle langue parles-tu?
3. Quelle est ta patrie? 4. Où est située l'Allemagne?
5. Qui est à la tête de l'Allemagne? 6. Où réside l'empereur d'Allemagne? 7. Quelle est la capitale de l'Allemagne? 8. Sur quel fleuve est-elle située? — 9. Quels
pays forment la limite au sud de l'Allemagne? 10. Quel
pays forme la limite à l'est? 11. Quels pays se trouvent
à l'ouest de l'Allemagne? 12. Quelles sont les limites de
notre patrie au nord? 13. Lesquels de ces pays sont des
empires? 14. Lesquels sont des républiques? 15. Quels
peuples sont nos voisins?

16. Quelle est la patrie des Français? 17. Quelle
langue parlent-ils? 18. Qui est à la tête de la république
française? 19. Quelle ville habite-t-il? 20. Quelle est la
capitale de la France? 21. Sur quel fleuve est-elle située? —
22. Quelles sont les limites de la France? 23. Quelles
montagnes séparent la France de l'Espagne? 24. Quelles
montagnes séparent la France de l'Italie? 25. Quelle mer
se trouve à l'ouest de la France? 26. Quels peuples sont
voisins des Français?

C. Konjugiere: Quand j'ai ma leçon, je suis content.
Je cherche mon crayon, mais je ne le trouve pas.
N'ai-je pas envie? Ne suis-je pas grand?

2.

La Gaule et les Gaulois.

A. Il y a deux mille ans, la France portait
le nom de Gaule. La Gaule était plus grande que
la France actuelle. Elle avait le Rhin pour frontière:
elle renfermait donc aussi la Suisse et la Belgique.

La Gaule était habitée par les Gaulois. Ils étaient de haute taille; ils avaient le teint blanc, les yeux bleus, les cheveux blonds. Les Gaulois aimaient la guerre et les expéditions lointaines: ils faisaient la guerre à tout le monde, même aux Romains. Avides de récits, ils arrêtaient les voyageurs au passage et les forçaient à leur raconter des nouvelles. Les prêtres, appelés druides, exerçaient une grande influence sur le peuple.

B. 1. Quel nom portait la France il y a deux mille ans? 2. Par quel fleuve la Gaule était-elle bornée? 3. Quels pays renfermait-elle encore? 4. Quel peuple habitait la Gaule? 5. De quelle taille étaient les Gaulois? 6. Quel teint avaient-ils? 7. Quels yeux avaient-ils? 8. Quelle était la couleur de leurs cheveux? 9. Qu'est-ce que les Gaulois aimaient? 10. A qui faisaient-ils la guerre? 11. De quoi étaient-ils avides? 12. Qui arrêtaient-ils au passage? 13. A quoi forçaient-ils les voyageurs? 14. Qui exerçait une grande influence sur le peuple? 15. Comment appelait-on leurs prêtres?

C. Konjugiere: Je n'avais pas peur, quand j'étais seul.
Je travaillais et je ne jouais pas.
Ne chantais-je pas bien?

3.
Vercingétorix.

A. Les Romains employèrent huit ans à subjuguer la Gaule. Leur général César rencontra dans Vercingétorix un adversaire digne de lui. Ce héros gaulois rassembla une armée, attaqua César et eut l'honneur de remporter une victoire sur les Romains. Mais, dans une autre bataille, César fut vainqueur

1*

et força Vercingétorix à se retirer dans la ville d'Alésia. Les Romains assiégèrent aussitôt cette place. Plus de deux cent mille guerriers gaulois tâchèrent de délivrer leurs frères; mais ils succombèrent aux légions romaines. Après cette victoire décisive, la ville d'Alésia capitula. Pour sauver ses compagnons d'armes, Vercingétorix se livra lui-même au vainqueur. Quelques années plus tard, César traîna son noble adversaire à son char de triomphe, et le fit tuer dans un obscur cachot qu'on montre encore à Rome. Tel fut le rôle glorieux de Vercingétorix. On salue en lui „le premier Français".

B. 1. Quel peuple subjugua la Gaule? 2. Combien de temps dura la guerre? 3. Quel général commandait les légions romaines? 4. Qui fut son adversaire? 5. Lequel des deux remporta d'abord la victoire? 6. Qui fut vainqueur dans une autre bataille? 7. Où se retirèrent les Gaulois? 8. Qui assiégea la ville? 9. Qui tâcha de délivrer les assiégés? 10. Quelle armée succomba dans la bataille décisive? 11. Que fit la ville d'Alésia? 12. Qui se livra à César? 13. Pourquoi se livra-t-il au vainqueur? 14. Où amena-t-on Vercingétorix? 15. Qui monta sur un char de triomphe? 16. Où tua-t-on le noble Gaulois? 17. Comment l'a-t-on appelé?

C. Konjugiere: J'eus faim quand je fus arrivé.
Je me livrai moi-même.
N'exerçai-je pas assez mes forces?

4.

L'ange gardien.
(Prière de l'enfant.)

A. Veillez sur moi quand je m'éveille,
Bon ange, puisque Dieu l'a dit;

Et chaque nuit, quand je sommeille,
Penchez-vous sur mon petit lit.
Ayez pitié de ma faiblesse,
A mes côtés marchez sans cesse,
Parlez-moi le long du chemin;
Et, pendant que je vous écoute,
De peur que je ne tombe en route,
Bon ange, donnez-moi la main.

B. 1. Qui veille sur toi quand tu t'éveilles? 2. Qui a commandé au bon ange de veiller sur toi? 3. Que fait-il quand tu sommeilles? 4. Qui te garde donc jour et nuit? 5. De quoi a-t-il pitié? 6. Où marche-t-il sans cesse? 7. Que fait-il le long du chemin? 8. Pourquoi te donne-t-il la main?

C. 1. Setze die 2. *Sing.* statt der 2. *Plur.* ein.
2. Bilde den *Impér.* zu: Je suis brave et je n'ai pas peur. Je travaille et je ne joue pas. J'exerce mes forces.
3. Bilde den *Impér.* zu Je m'amuse a) in der bejahenden, b) in der verneinenden Form.

5.
Voyage à Paris.

A. Mon cher Jules,

Puisque tes vacances d'été commenceront le vendredi 3 juillet, j'arriverai ce jour-là à onze heures pour t'emmener à Cologne. Tu y trouveras ta mère et ta sœur, qui seront bien charmées de te revoir. Elles nous accompagneront en France. A Cologne nous aurons encore le temps de visiter la célèbre cathédrale. Le lendemain nous monterons dans le train express, qui arrivera le même soir à Paris, à la gare du Nord. Nous resterons à peu près quinze jours dans la capitale de la France. Quand il fera beau temps, nous monterons sur la tour Eiffel; de là nous aurons une vue magnifique sur la ville et sur les environs. Nous retournerons par Bruxelles. Après notre retour, ta sœur et toi, vous adresserez une longue lettre à grand'maman, qui sera très contente d'avoir des nouvelles de notre voyage en France.

Ta mère et Blanche te font bien saluer. Au revoir!

Ton père.

B. 1. Quand commenceront les vacances d'été? 2. Combien de temps dureront-elles? 3. Qui arrivera pour chercher Jules? 4. Où Jules accompagnera-t-il d'abord son père? 5. Qui trouveront-ils à Cologne? 6. De quoi seront-elles charmées? 7. Quelle église visiteront-ils? 8. Dans quel train monteront-ils le lendemain? 9. Où arriveront-ils le même soir? 10. Dans quelle gare de Paris entrera le train express? 11. Combien de temps restera-t-on à Paris? 12. D'où aura-t-on une vue magnifique sur la ville et les environs? 13. Quand y montera-t-on pour avoir une belle vue? 14. Par quelle ville retournera la famille? 15. Dans quel pays est situé Bruxelles? 16. Qui est à la tête de ce pays? 17. A qui Jules adressera-t-il une longue lettre après son retour? 18. De quoi sa grand'mère sera-t-elle contente? 19. Qui fait saluer Jules?

C. 1. Konjugiere: Quand j'aurai le temps, je commencerai ma lettre.
   Ne serai-je pas content de te revoir?
2. Setze in Nr. 4 statt des *Impér.* ein: *a)* die 2. *Plur. Fut.* (Vous veillerez sur moi); *b)* die 2. *Sing. Fut.* (Tu veilleras sur moi).
3. Erzähle einem Freunde die Reise nach Paris im *Passé déf.*

6.

Si j'étais riche.

A. — Papa, si j'étais riche,
Je ne serais pas chiche:
Je me montrerais généreux
Envers les pauvres malheureux.

— C'est bien pensé, mon petit homme,
Mais si tu n'as pas grosse somme
A distribuer entre tous,
Que ne leur donnes-tu tes sous?

Qui donne suivant sa ressource,
Prouve que, s'il avait la bourse,
Il en userait pour le bien,
En cœur généreux et chrétien.

B. 1. Que ne serais-tu pas, si tu étais riche? 2. Comment
te montrerais-tu envers les pauvres? 3. Que leur distri-
buerais-tu? 4. Que donnes-tu aux pauvres, si tu n'es
pas riche? 5. Que prouve celui qui donne suivant ses
ressources? 6. Comment faut-il donc user de son argent?

C. 1. Seße ben *Plur.* ftatt beß *Sing.* ein.
2. Konjugiere: Si j'étais riche, je ne serais pas chiche.
    J'aurais mes sous à donner.
    Comment userais-je de mon bien?
    Pourquoi ne me montrerais-je pas généreux?

7.

La foire.

A. Hier j'ai été à la foire. Mes parents m'y
avaient emmené parce qu'ils avaient été contents
de mes travaux pendant le mois dernier. A notre

arrivée le marché était déjà encombré de bestiaux: on y avait amené des chevaux, des bœufs, des veaux et des porcs.

Une grande foule se pressait autour des boutiques nombreuses, où l'on avait étalé mille choses. Nous avons remarqué beaucoup de jolis joujoux: des drapeaux, des poupées, des cerceaux et toutes sortes de jeux.

J'ai acheté pour mon petit frère George une arche de Noé renfermant un grand nombre d'animaux et d'oiseaux, entre autres des lions, des ours, des chameaux, des hiboux et des corbeaux. Cette boite avait été depuis longtemps l'objet de ses vœux. Elle a coûté vingt sous. Si j'avais eu plus d'argent, j'aurais encore acheté quelques cadeaux pour mes sœurs, par exemple des ciseaux ou de petits couteaux.

Au milieu du champ de foire, on avait dressé un mât de cocagne couronné d'un cerceau, où l'on avait attaché différents prix. Les efforts infructueux de ceux qui essayaient d'attraper ces objets ont beaucoup égayé la foule.

Nous sommes rentrés le soir bien contents. Je pense qu'à la foire on aura terminé les plaisirs de la journée par de beaux feux d'artifice, et qu'on aura arrangé plusieurs bals où l'on aura dansé jusqu'à la nuit.

B. 1. Où as-tu été hier? 2. Qui t'a emmené à la foire? 3. Pourquoi t'ont-ils emmené avec eux? 4. De quoi le marché était-il encombré à votre arrivée? 5. Quels animaux y avait-il à la foire? 6. Où se pressait la foule? 7. Qu'avait-on étalé dans les boutiques? 8. Nomme quelques joujoux! 9. Qu'as-tu acheté à la foire? 10. Pour qui as-tu acheté l'arche de Noé? 11. Que renfermait-elle? 12. Nomme quelques animaux! 13. Nomme quelques oiseaux! 14. Combien a coûté cette boîte? 15. Qu'aurais-tu peut-être acheté pour tes sœurs? 16. Qu'avait-on dressé au milieu du champ de foire? 17. De quoi était-il couronné? 18. Qu'avait-on attaché à ce cerceau? 19. Qu'est-ce qui a égayé la foule? 20. Quand êtes-vous rentrés? 21. Comment aura-t-on terminé les plaisirs de la journée? 22. Qu'aura-t-on arrangé? 23. Jusqu'à quand aura-t-on dansé?

C. 1. Ronjugiere: N'ai-je pas été à la foire?
Si j'avais eu plus d'argent, j'aurais acheté quelque chose pour moi.
Si j'avais été riche, je n'aurais pas été chiche.

2. Setze in Nr. 3 das *Passé indéf.* statt des *P. déf.* ein (beachte dabei: Vercingétorix s'est livré).

8.

Commerce et industrie de la France.

A. La France est un beau pays, qui renferme bien des richesses. Elle est traversée par de belles montagnes couvertes de forêts; elle est arrosée par de grands fleuves; son climat est tempéré: elle fournit du blé, du raisin, de l'huile, des légumes et des fruits en abondance. Au sud de la France, on trouve des olives, des figues et d'excellents vins. Dans les mines, il y a beaucoup de fer et de houille. Les Pyrénées ont du soufre, du marbre et de l'albâtre.

Le commerce et l'industrie de la France sont favorisés par de belles routes, de superbes canaux, un grand nombre de chemins de fer et une quantité de communications de tout genre. Paris est le

centre du commerce de la France et le foyer d'une
industrie fort active. On y fabrique des châles, des
meubles, des tapis, des pendules, des lampes, des
instruments de musique, des voitures, des chaussures
et une foule d'articles de mode connus sous le nom
de *nouveautés*. Ces produits ont pour débouché la
plupart des pays de l'Europe.

B. 1. Qu'est-ce que la France renferme? 2. Qu'est-ce qui
traverse ce beau pays? 3. De quoi les montagnes sont-elles
couvertes? 4. Par quoi la France est-elle arrosée? 5. Quel
est son climat? 6. Quels produits la France fournit-elle
en abondance? 7. Quels fruits trouve-t-on au sud de
la France? 8. Qu'y a-t-il dans les mines? 9. Que four-
nissent les Pyrénées? — 10. Qu'est-ce qui favorise le
commerce et l'industrie de la France? 11. Quel est le
centre du commerce? 12. De quoi Paris est-il en même
temps le foyer? 13. Quels articles fabrique-t-on à Paris?
14. Que sont les *nouveautés* de Paris? 15. Quel est le
débouché de ces produits?

9.

Superficie et population de la France.

A. La France mesure environ deux cent qua-
rante lieues du nord au sud, et deux cent vingt
lieues de l'est à l'ouest. Sa superficie est de cinq
cent vingt-huit mille six cents kilomètres carrés,
la dix-neuvième partie de l'Europe. Il y a quatre-
vingt-six départements, qui sont divisés en trois
cent soixante-deux arrondissements, en deux mille
huit cent soixante-huit cantons, et en trente-six
mille quatre-vingt-dix-sept communes. Chaque département est administré par un préfet qui réside

au chef-lieu du département; chaque arrondissement
est administré par un sous-préfet.

La population de la France est aujourd'hui
de trente-huit millions d'habitants. Les trois plus
grandes villes sont Paris, Lyon et Marseille. Paris
a deux millions trois cent quarante-quatre mille
six cents habitants. A dix-huit kilomètres au sud-
ouest de Paris est situé Versailles. Cette belle ville
a été la résidence des rois de France dans les
deux derniers siècles, où elle avait le double et le
triple de sa population actuelle. Louis XIV fit
bâtir le château de Versailles, l'un des plus beaux
palais de l'Europe. Pendant le siège de Paris, ce
château fut le quartier général du roi Guillaume Ier
de Prusse, qui y fut proclamé empereur d'Allemagne
le dix-huit janvier mil huit cent soixante-onze.

B. 1. Combien de lieues environ la France mesure-t-elle
de l'est à l'ouest? 2. Et combien du nord au sud? 3. De
combien de kilomètres carrés est sa superficie? 4. Quelle
partie de l'Europe la France occupe-t-elle? 5. Combien
de départements y a-t-il aujourd'hui en France? 6. Par
qui chaque département est-il administré? 7. Où réside
le préfet? 8. Comment sont divisés les départements?
9. Qui administre chaque arrondissement? 10. Quelles sont
les divisions des arrondissements? 11. Quelles sont les
divisions des cantons? 12. Dans quel pays y a-t-il encore
des cantons? 13. De combien de cantons est formée la
Suisse? — 14. Combien d'habitants y a-t-il en France?
15. Quelles sont les trois plus grandes villes? 16. Combien
d'habitants a la ville de Paris? 17. Quelle ville est située
au sud-ouest de Paris? 18. Quelle est la distance de Paris
à Versailles? 19. Qui a résidé à Versailles pendant les
deux derniers siècles? 20. Combien d'habitants la ville
avait-elle alors? 21. Qui a fait bâtir le célèbre château?

22. Qui a eu son quartier général dans ce château pendant le siège de Paris? 23. Quand le roi Guillaume fut-il proclamé empereur d'Allemagne? 24. Quel était le jour de la naissance de ce prince?

C. Konjugiere: Je suis élevé par mes parents.
Je ne suis pas averti par ma sœur.

10.
La guerre franco-allemande.

I.

A. Le dix-neuf juillet mil huit cent soixante-dix, la déclaration de guerre est présentée à Berlin par le chargé d'affaires de France. En quinze jours à peu près, quatre cent mille soldats allemands sont réunis à la frontière française. Le quatre août, la victoire de Wissembourg est remportée par la troisième armée allemande, commandée par le prince royal de Prusse; le général ennemi Douay est tué. Le six août, la bataille de Woerth est livrée contre l'armée de Mac-Mahon; elle n'est gagnée par les Allemands qu'après la défaite da la cavalerie française qui avait été écrasée par l'artillerie prussienne. Le même jour, les hauteurs de Spicheren sont forcées par la première armée allemande; de part et d'autre six mille hommes sont tués ou blessés.

B. 1. Quand est présentée la déclaration de guerre à Berlin? 2. Par qui est-elle présentée? 3. Combien de soldats allemands sont réunis à la frontière? 4. Combien de temps emploient-ils pour se réunir? 5. Quelle bataille est livrée le 4 août? 6. Quelle armée remporte la victoire? 7. Par qui cette armée est-elle commandée? 8. Quel général est tué dans cette bataille? 9. Quelle armée française est attaquée deux jours plus tard? 10. Où est-elle attaquée? 11. Qui est écrasé par l'artillerie prussienne? 12. Qui gagne la bataille? 13. Quelles hauteurs sont forcées le même jour? 14. Par qui sont-elles forcées? 15. Combien de tués et de blessés y a-t-il de part et d'autre?

C. Konjugiere: Je te suis présenté. Ne suis-je pas oublié?

II.

A. Après ces défaites, il ne restait plus aux Français que la retraite vers Metz. Leur marche fut retardée par l'attaque de la première armée à Courcelles (le 14 août), de manière que le prince Frédéric-Charles de Prusse eut le temps de leur barrer le passage. Après les sanglantes batailles de Mars-la-Tour (le 16 août) et de Gravelotte (le 18 août), le maréchal Bazaine fut forcé de se jeter dans la ville de Metz. Pendant que cette forteresse était assiégée par le prince Frédéric-Charles, la troisième armée allemande et la quatrième, commandée par le prince royal de Saxe, furent dirigées contre Mac-Mahon. Quand elles eurent cerné les troupes françaises à Sedan le premier septembre, des négociations furent entamées entre le général de Wimpffen, qui avait remplacé le maréchal Mac-Mahon blessé à Bazeilles, et le célèbre chef d'état-major des armées allemandes de Moltke. La capitulation fut signée le lendemain. Le quatrième article portait: „La place de Sedan sera livrée dans son état actuel, au plus tard, dans la soirée du deux septembre, à la disposition de Sa Majesté le roi Guillaume." Napoléon III, qui avait été fait prisonnier, fut emmené à Wilhelmshoehe. A la nouvelle de ces malheurs, Napoléon fut détrôné, la république fut proclamée, et le gouvernement de la défense nationale fut établi à Paris.

B. 1. Où se retirèrent les Français après ces défaites? 2. Pourquoi leur marche fut-elle retardée? 3. Où furent-ils attaqués? 4. Quel jour furent-ils attaqués? 5. Qui leur barra le passage? 6. Quelles sanglantes batailles furent livrées le 16 et le 18 août? 7. Où se jeta le maréchal Bazaine? 8. Qui assiégea la forteresse de Metz? 9. Contre qui furent dirigées la 3ᵉ et la 4ᵉ armée? 10. Par qui la 4ᵉ était-elle commandée? 11. Où furent cernées les troupes de Mac-Mahon? 12. Où le maréchal avait-il été blessé? 13. Qui l'avait remplacé? 14. Avec qui le général de Wimpffen entra-t-il en négociations? 15. Quand fut signée la capitulation? 16. A qui la place de Sedan fut-elle livrée? 17. Qui avait été fait prisonnier? 18. Où Napoleon III fut-il emmené? 19. Que fit-on à Paris à la nouvelle de ces malheurs? 20. Quand célébrons-nous la fête de Sedan?

C. 1. Ronjugiere: Je fus sauvé par mon cheval.
　　　　　 Je ne serai pas mouillé.
　　　　　 Si j'étais choisi, j'en serais charmé.
　 2. Verwandele 6 Säße aus Nr. 3 in die paſſive Form.

III.

A. Le 19 septembre 1870, la capitale de la France même a été investie par les troupes allemandes. Le siège a duré 130 jours. Pendant ce temps, les villes de Strasbourg (le 27 septembre) et de Metz (le 27 octobre) ont été forcées de capituler. De grands exploits ont été accomplis par les Allemands au nord, au sud-est et au sud de Paris, et toutes les tentatives de lever le blocus de la capitale ont été victorieusement repoussées. Paris a capi-

tulé le 28 janvier 1871. La convention faite entre
le comte de Bismarck et Jules Favre aurait été
anéantie par Gambetta, si Thiers n'avait pas été
nommé chef du pouvoir exécutif par l'assemblée
nationale de Bordeaux. Les préliminaires de la paix
ont été signés à Versailles le 26 février; le traité
de paix a été ratifié à Francfort-sur-le-Mein le 10 mai.
L'Alsace, excepté la ville de Belfort, et la Lorraine
allemande, y inclus la ville de Metz, ont été cédées
à l'Allemagne; en outre, la somme de cinq milliards
de francs a été payée à l'empereur d'Allemagne.

Dans cette guerre, qui a amené l'union de tous
les Allemands et le rétablissement de l'empire allemand, 20 grandes batailles ont été livrées, 26 forteresses ont été enlevées, 6700 pièces de canon ont
été gagnées, 400000 soldats ont été faits prisonniers.

B. 1. Quand Paris a-t-il été investi par les Allemands?
2. Combien de temps a duré le siège de Paris? 3. Quelles
grandes forteresses ont capitulé pendant ce temps? 4. Dans
quelles parties de la France a-t-on encore livré des batailles?
5. Quelles tentatives ont été victorieusement repoussées par
les Allemands? 6. Quand la capitale a-t-elle capitulé?
7. Quels hommes d'État ont fait la convention? 8. Qui a
tâché d'anéantir cette convention? 9. Qui a été nommé
chef du pouvoir exécutif en France? 10. Par quelle assemblée a-t-il été nommé? 11. Quand ont été signés les préliminaires de la paix? 12. Où a été ratifié le traité de
paix? 13. Quelles provinces ont été cédées à l'Allemagne?
14. Quelle somme a été payée à l'empereur d'Allemagne?
15. Combien de temps a duré la guerre franco-allemande?
16. Combien de batailles ont été livrées? 17. Combien de
soldats ont été faits prisonniers par les Allemands? 18. Combien de canons ont été gagnés? 19. Combien de forteresses
ont été enlevées? 20. Qu'est-ce que cette guerre a amené?

C. 1. Konjugiere: J'ai été loué à cause de mon courage.
Si j'avais été oublié, je n'en aurais pas été
charmé.
2. Konjugiere in den 10 Zeiten: La bataille est gagnée.
Les bons exemples ne sont pas toujours imités.
3. Erzähle den deutsch-französischen Krieg in aktiver Form.

11.
L'oiseau-mouche et son nid.

A. Un vrai bijou de la nature,
Un oiseau-mouche voltigeait
Dans la verdure,
Très occupé du nid qu'il arrangeait.
Ce nid mignon, tout fait de mousse,
Et de liane fine et douce,
Avait la forme et la moitié du poids
De la coquille d'une noix.
Bientôt — œuvre de patience —
Ce nid si frêle et si léger,
Suspendu, se balance
A la branche d'un oranger.
Le soir, c'est là qu'heureux repose,
Vêtu de bleu,
De vert, de rose,
Le plus joli des oiseaux du bon Dieu.

Et moi qui regarde, je pense:
Qu'il lui faut peu pour se loger!
L'oiseau-mouche me fait songer
Qu'aux bontés de la Providence
Le plus petit n'est jamais étranger.

B. 1. Quel est le plus joli des oiseaux? 2. De quelles couleurs est-il vêtu? 3. Où voltige-t-il? 4. De quoi est-il occupé? 5. Avec quoi arrange-t-il son nid? 6. Quelle forme ce nid a-t-il? 7. Quel est le poids du nid? 8. Où est suspendu ce nid léger? 9. A quoi nous fait songer l'oiseau-mouche?

C. Gieb die Formen von arranger und balancer an, in denen ge und ç zu schreiben ist: im *Prés.* nebst *Impér.* und *Part.*, im *Impf.* und *Passé déf.*

12.
Une tempête.

I.

A. Depuis huit jours, la mer berçait doucement le vaisseau, qui s'avançait, longeant les côtes, vers le terme de notre voyage. Mais le neuvième jour de la traversée, vers midi, tout à coup le soleil s'effaça, et le ciel se chargea d'une sorte de lumière troublée. Le capitaine songea un instant à gagner la rive; nous changeâmes donc de route, mais l'orage nous devança. Bientôt un nouvel ordre du capitaine nous annonça qu'il était nécessaire de regagner la haute mer.

B. 1. Depuis combien de temps le vaisseau était-il en route? 2. Comment s'avançait-il? 3. Qu'arriva-t-il le neuvième jour? 4. Quand s'effaça le soleil? 5. De quoi se chargea le ciel? 6. A quoi le capitaine songea-t-il un instant? 7. Pourquoi changea-t-il encore de route? 8. Que tâcha-t-il de regagner?

C. Konjugiere: Je songeais à me sauver.
Je changeai de route.
Je m'avançais doucement.
J'annonçai mon retour.

II.

A. Alors une énorme vague soulève le vaisseau. „Amène la grande voile!“ crie le capitaine. Les matelots hésitent un instant; il répète son ordre, on lui obéit. Il était temps; une seconde plus tard peut-être, le mât aurait cédé à l'effort du vent. Debout près du gouvernail, le capitaine règle, avec le peu de voiles qui restent, la marche du bâtiment: tantôt il considère l'horizon de plus en plus noir: tantôt il se promène à grands pas, comme pour abréger les moments et modérer son inquiétude. Un mortel effroi règne dans tous les cœurs. Tout à coup une vague s'élève, plus haute que les autres, et pousse violemment le flanc du navire: un craquement se fait entendre. „Que Dieu nous protège!“ crient les matelots.

B. 1. Par quoi le vaisseau fut-il soulevé? 2. Que commanda alors le capitaine? 3. Pourquoi répéta-t-il son ordre? 4. Qu'est-ce qui serait arrivé, si les matelots n'avaient pas obéi? 5. Où se trouvait le capitaine? 6. Avec quoi réglait-il la marche du bâtiment? 7. Que considérait-il? 8. Que faisait-il pour modérer son inquiétude? 9. Qu'est-ce qui régnait dans tous les cœurs? 10. Qu'est-ce qui poussa tout à coup le flanc du navire? 11. Qu'est-ce qui se fit entendre? 12. Que crièrent les matelots?

C. Konjugiere: Quand te promènes-tu?
    Je t'amènerai mon ami.
    Je règle ma marche sur la tienne.
    Je ne te céderai pas ma place.

III.

A. C'en était fait: nous touchions sur un banc de sable. En ce moment la tempête redouble: le

tonnerre gronde; l'éclair étincelle; les vagues jettent
sur le pont des masses d'eau et de sable. De minute
en minute, la quille s'enfonce plus profondément.
Aux cris des matelots qui s'appellent entre eux, au
grincement des mâts qui chancellent, se mêlent nos
voix désespérées. Oh! de quel prix on achèterait,
en pareils moments, un peu d'espérance!

B. 1. Où touchait le navire? 2. Qu'est-ce qui arriva en ce
moment? 3. Qu'est-ce que les vagues jetaient sur le pont?
4. Qu'est-ce qui s'enfonçait toujours plus profondément?
5. Que faisaient les matelots? 6. Qu'est-ce qui se mêlait au
grincement des mâts? 7. Que désire-t-on en pareils moments?

C. Konjugiere: Je me jette dans tes bras.
Je ne chancellerai pas.
L'éclair étincelle } im *Sing.* und *Plur.*
Tu achètes ton billet } der 5 einfachen Zeiten.

IV.

A. A chaque seconde, nous pensions toucher
à notre dernier moment; hors de nous, nous priions
à genoux et nous suppliions le capitaine de ne pas
nous laisser périr. Mais lui-même est désarmé devant
cette force aveugle de la tempête qui balaie, qui
renverse et broie tout sur son passage. „Donnez-
moi, disait-il, un moyen pour que je l'essaie; Dieu
m'est témoin que je paierais volontiers votre sûreté
de mon sang." Un vieux matelot, à ce moment,
lui parla à l'oreille; sa proposition fut agréée. En
un clin d'œil, le vaisseau déploie tout ce qui lui
reste de voiles: nous nous noierons, ou nous passe-
rons. Sous le double effort du vent et de la vague,
la quille du vaisseau glissa en criant sur le banc

de sable, et le dépassa. Un moment après, nous voguions dans des eaux encore furieuses, mais désormais impuissantes.

B. 1. De quoi avait-on peur? 2. Quelle prière adressait-on au capitaine? 3. Devant quoi était-il désarmé lui-même? 4. Qu'aurait volontiers fait le capitaine? 5. Qui lui parla à l'oreille? 6. Le capitaine agréa-t-il la proposition? 7. Quel ordre donna-t-il? 8. De quoi s'agissait-il? 9. Que fit le vaisseau sous le double effort du vent et de la vague? 10. Où voguait le navire un moment après?

C. Konjugiere: J'emploie bien mon temps ⟩ auch im *Impér.*
J'essaie de me divertir
L'ennemi déploie ses forces ⟩ im *Sing.* u. *Plur.*
Combien paies-tu ta chambre? ⟩ der 5 einf. Zeiten.

13.
Comment t'appelles-tu?

A. Comment t'appelles-tu? — Je m'appelle comme mon père. — Et ton père? — Mon père s'appelle comme moi. — Comment vous appelez-vous tous les deux? — Nous nous appelons l'un comme l'autre.

14.
Une visite matinale.

A. Comment, Richard! tu ne t'es pas encore levé? Ne te portes-tu pas bien? — Au contraire, cher George, je ne me suis jamais mieux porté. — Et tu n'as pas honte de rester au lit jusqu'à huit heures? — Pas du tout. Hier je me suis couché très tard, et je me suis éveillé plusieurs fois pendant la nuit. A quelle heure t'es-tu donc levé, toi?

— Je me suis levé à cinq heures et demie. Mon frère Paul a été encore plus matinal. Quand je me suis éveillé, il s'était déjà lavé la figure et les mains. Je me suis dépêché de m'habiller, et quand je me fus peigné et brossé, nous sommes allés nous baigner à l'école de natation. Nous nous imaginions que tu nous accompagnerais peut-être à la forêt; si tu t'étais levé à temps, nous nous serions promenés ensemble. Mais malheureusement nous nous sommes trompés. — Écoute, mon ami; ne te moque pas de moi! Je me dépêcherai bien. En quelques minutes je me serai habillé, puis nous déjeunerons ensemble.

— Eh bien, lève-toi, habille-toi vite! Pendant ce temps je m'amuserai à regarder un livre quelconque.

B. 1. A quelle heure George s'est-il levé? 2. Qui a été encore plus matinal que lui? 3. Qu'est-ce que George a fait après s'être habillé? 4. Où est-il allé avec son frère? 5. Où pensaient-ils aller après le bain? 6. Avec qui pensaient-ils se promener? 7. Où George a-t-il trouvé son ami Richard? 8. Quelle heure était-il alors? 9. Comment se portait Richard? 10. Pourquoi ne s'était-il pas encore levé? 11. Que tâcha-t-il de faire? 12. A quoi George s'est-il amusé, pendant que son ami s'habillait?

C. Konjugiere: En été je me lève à 6 heures du matin.
Me suis-je moqué de toi?
Si je m'étais bien porté, je me serais baigné.
Quand je me fus lavé, je me suis peigné.
Je ne m'étais pas encore lavé les mains.

15.
Jupiter et le cheval.

A. „Père des animaux et des hommes, dit le cheval, en s'approchant du trône de Jupiter, on veut que je sois la plus belle créature dont tu aies orné le monde; cependant ne faut-il pas que bien des choses soient corrigées en moi?"

„Que penses-tu donc qu'il y ait à corriger en toi?" répliqua le dieu avec un sourire plein de bonté. — „Il serait possible, continua le cheval, que je fusse plus rapide, si mes jambes étaient plus hautes et plus fines; un long cou comme celui du cygne ne me déparerait pas; un poitrail plus large augmenterait ma force; et puisque enfin je suis destiné à porter l'homme, je désirerais que la selle me fût donnée par la nature."

„Très bien," répliqua Jupiter. Alors il prononça une parole créatrice: aussitôt la matière s'anima, et tout à coup le vilain chameau se présenta devant le trône céleste. A cette vue le cheval trembla d'horreur et de dégoût.

„Voilà des jambes plus hautes et plus fines, dit Jupiter; voilà un long cou de cygne; voilà un poitrail plus large, voilà une selle naturelle. Faut-il que tu sois transformé de la sorte?"

Le cheval tremblait encore. „Pour cette fois, dit le dieu, sois instruit sans être puni." — Mais afin que le cheval eût toujours le souvenir de sa témérité, Jupiter ordonna que le chameau continuât à exister et que le cheval ne le remarquât jamais sans frissonner.

B. 1. Qui s'approcha du trône de Jupiter? 2. Comment appela-t-il le dieu? 3. Que pensait le cheval de lui-même? 4. Que demanda-t-il cependant à Jupiter? 5. Quelles jambes le cheval désirait-il avoir? 6. Pourquoi demandait-il des jambes plus hautes et plus fines? 7. Quel cou désirait-il

avoir? 8. Que demandait-il pour augmenter sa force?
9. Qu'est-ce qui lui manquait pour porter l'homme? 10. Que
fit Jupiter à la prière du cheval? 11. Qui se présenta
devant le trône céleste? 12. Que fit le cheval à cette vue?
13. Qu'est-ce que Jupiter lui dit alors? 14. Que fit Jupiter
afin que le cheval n'oubliât pas sa témérité? 15. Que fait
le cheval à la vue du chameau?

C. Konjugiere: Il faut que je sois brave et que je n'aie pas
peur.
Mes parents désiraient que je fusse sage et
que j'eusse un prix.

16.
L'enfant prodigue.

A. L'année dernière, j'étais à Madrid, et je
rencontrais, toujours à la même place, sur une des
promenades de la ville, un mendiant, qui semblait
encore plus accablé de chagrin que de misère, et
dont le grand air m'inspirait un vif intérêt.

Un jour, je lui adressai la parole. „Soyez assez
bon, lui dis-je, de me pardonner une question in-
discrète peut-être; il est impossible que vous ayez
été toute votre vie ce que vous êtes aujourd'hui." —
„Monsieur, me dit-il, vous êtes jeune, je serai franc
avec vous afin qu'un jour mon exemple vous ait
été utile.

Jusqu'à l'âge de 22 ans, je me regardais comme
le plus heureux des hommes. Mes parents étaient
riches, et ma famille passait pour une des plus
honorables de toute l'Espagne. Je regrette seulement que j'aie été, dès mes premières années, l'enfant gâté de tout le monde. Comme si le ciel eût

été jaloux de mon bonheur, il m'enleva ma mère, la providence de la maison. De folles idées d'indépendance troublèrent alors mon esprit: je demandai mon héritage à mon père, et je m'éloignai. Vous imaginez ce qui m'arriva aussitôt que je fus libre avec cent mille écus dans les mains. Quoique je n'eusse pas trop d'esprit, on me trouva du génie: on m'eût fait passer pour un Adonis, quand même j'eusse été l'homme le plus laid de la terre. Je fus bientôt à la mode; je donnai le ton au grand monde. Cela dura bien trois ou quatre ans. Puis, quand mes poches furent vides, je me trouvai absolument seul, seul avec le souvenir de ma fortune perdue."

„Il me semble, lui dis-je, qu'il eût été sage alors d'imiter l'enfant prodigue et de retourner chez votre père." — „C'est bien ce que je fis, continua le mendiant, mais trop tard. Quand je retournai à Madrid, je ne trouvai plus mon père. Il était mort de douleur et de désespoir à la nouvelle de mes désordres."

B. 1. Dans quelle ville était le jeune homme qui nous raconte l'histoire de l'enfant prodigue? 2. Quand y était-il? 3. De quel pays Madrid est-il la capitale? 4. Qui le jeune homme rencontrait-il toujours à la même place? 5. De quoi le mendiant semblait-il accablé? 6. Qu'est-ce que son grand air inspirait? — 7. Que fit un jour le jeune homme? 8. Que pensait-il de la vie du mendiant? 9. Quelle réponse le mendiant lui donna-t-il? 10. De quelle famille était-il? 11. Comment avait-il passé les 22 premières années de sa vie? 12. Que regrettait-il cependant? 13. Qui lui fut enlevé? 14. Quelles idées troublèrent alors son esprit? 15. Que demanda-t-il à son père? 16. Combien d'écus

eut-il? 17. Où alla-t-il? — 18. Que lui arriva-t-il?
19. Où donna-t-il le ton? 20. Combien de temps cette
vie dura-t-elle? 21. Qui le quitta, quand ses poches furent
vides? 22. Où retourna-t-il alors? 23. Quel exemple
imita-t-il? 24. Comment trouva-t-il son père? 25. De
quoi son père était-il mort?

C. Ronjugiere: Quoique je n'aie pas eu de richesses, il semble
que je n'aie pas été malheureux.
Quand même j'eusse eu peu de fortune, j'en
eusse été content.

17.
Les membres et l'estomac.

A. Un jour, les membres formèrent une conjuration générale contre l'estomac. Ils étaient indignés que tous leurs soins ne fussent que pour
lui seul et qu'il se bornât à jouir des plaisirs qu'ils
lui procuraient.

La bouche parla la première. „Faut-il, s'écria-
t-elle, que je mâche sans cesse les aliments, pour
les passer ensuite à l'estomac, sans qu'il m'en té-
moigne sa reconnaissance?"

„Et nous, s'écrièrent les bras, serons-nous éter-
nellement condamnés à porter les aliments à la
bouche, sans que nous en ayons jamais le moindre
profit?"

Les jambes s'avancèrent à leur tour et dirent:
„Toute la journée nous sommes sur pied, nous avons
à peine le temps de nous reposer. Et pour qui
nous donnons-nous tant de peine? Pour l'estomac,
sans qu'il s'occupe du sort des autres. Il faut que
cela ait une fin."

Là-dessus les membres du corps humain cessèrent de se prêter mutuellement leur appui, afin que l'estomac fût dompté par la faim. Mais les membres mêmes et le corps entier tombèrent dans une extrême langueur. Ils remarquèrent alors que l'estomac ne restait point oisif, et que, s'il était nourri, il nourrissait à son tour en fournissant à toutes les parties du corps le sang, qui en fait la force et la vie.

B. 1. Contre qui les membres formèrent-ils une conjuration générale? 2. De quoi étaient-ils indignés? 3. Qui parla en premier? 4. Qu'est-ce que la bouche fait des aliments? 5. Qui lui apporte les aliments? 6. Qu'est-ce que les jambes ont à faire? 7. De quoi étaient-elles mécontentes? 8. Qu'est-ce que les membres cessèrent de faire? 9. Qu'espéraient-ils de leur conjuration? 10. Qu'est-ce qui arriva cependant? 11. Que remarquèrent-ils alors? 12. Comment l'estomac nourrit-il le corps?

C. Ronjugiere: Penses-tu peut-être que tu te sois dépêché? Il faut que je me donne beaucoup de peine.

18.

Le prix du temps.

A. Dans ma jeunesse, dit le célèbre naturaliste Buffon, j'aimais beaucoup à dormir, et il était rare que le sommeil ne me dérobât pas la moitié de mon temps. Mon pauvre domestique faisait tout son possible pour surmonter ma paresse, et il se passait peu de jours sans qu'il essayât de me guérir de ma maladie; mais il arrivait rarement qu'il réussît.

Un soir je m'engageai à lui donner un écu pour qu'il me forçât de me lever à six heures. Il était naturel qu'il m'éveillât le lendemain matin à l'heure fixée, mais je le renvoyai brusquement. Le jour suivant, il essaya encore de me faire quitter mon lit: cette fois-là, je lui fis de telles menaces qu'il eut peur que je ne me fâchasse sérieusement.

„Joseph, lui dis-je dans l'après-midi, j'ai perdu mon temps, et tu n'as rien gagné; il faut que tu songes davantage à tes intérêts et à ma promesse, et que désormais tu ne te laisses plus arrêter par mes menaces."

Le lendemain, il réussit en son honneur. D'abord je le priai, je le suppliai, je me fâchai; mais j'avais ordonné qu'il ne fît aucune attention à tout ce que je lui dirais, et cette fois il obéit. Je fus forcé de me lever malgré moi. — Il était rare que ma mauvaise humeur durât plus d'une heure. Joseph était alors récompensé de sa fermeté par mes remercîments et par ce que je m'étais engagé à lui donner.

B. 1. Qui aimait beaucoup à dormir dans sa jeunesse? 2. Combien de temps lui était dérobé par le sommeil? 3. Qui faisait tout son possible pour le guérir de sa paresse? 4. Comment s'appelait son domestique? 5. Qu'est-ce qui arrivait rarement? 6. A quoi le maître s'engagea-t-il un soir? 7. A quelle heure désirait-il être éveillé? 8. Que fit naturellement le domestique? 9. Comment fut-il renvoyé? 10. Qu'est-ce que Joseph essaya encore le jour suivant? 11. Quelles paroles Buffon lui adressa-t-il? 12. De quoi le domestique eut-il peur alors? 13. Qu'est-ce que Buffon ordonna à son domestique dans l'après-midi? 14. Que fit donc Joseph le lendemain? 15. Que fit Buffon affin que son domestique le laissât dans son lit? 16. Lequel des deux remporta la victoire? 17. Combien de temps Buffon était-il de mauvaise humeur? 18. Comment récompensait-il la fermeté de son domestique?

C. Conjuguez: Il faut que je réussisse à me lever à temps.
Il était rare que je me trompasse.
Il était temps que je me guérisse de ma paresse.

19.
Lecture.

A. Paul, où est le journal d'aujourd'hui? — Je l'ai remarqué sur la table du salon, papa. — Apporte-le-moi! — Je te l'apporterais volontiers, mais il n'est plus là. Je me rappelle maintenant que maman me l'avait demandé; je le lui ai donné. — Eh bien, quand elle en aura fini la lecture, tu me l'apporteras. Ta mère t'a-t-elle montré le beau livre que j'ai acheté à la librairie? — Oui, papa, elle me l'a montré dès que le libraire nous l'a envoyé. Me le donneras-tu? — Non, mon fils, je ne te le donnerai pas; mais je te le prêterai afin que tu en regardes les gravures; il y en a beaucoup. — Pour qui l'as-tu donc acheté, papa? — Tu es bien curieux, mon petit homme. Je l'ai acheté pour mes neveux; je leur en ferai cadeau à Noël. Et toi, ne donneras-tu rien à tes cousins? — J'ai quelques timbres-poste assez rares; je les leur donnerai. — Bien, donne-les-leur; cela leur fera grand plaisir.

B. 1. Qu'est-ce que le père demande à Paul? 2. Où était le journal? 3. Pourquoi ne s'y trouve-t-il plus? 4. Quand Paul l'apportera-t-il à son père? 5. Qu'est-ce que le père a acheté à la librairie? 6. Qu'y a-t-il dans ce livre?

7. Pour qui le père a-t-il acheté ce beau livre? 8. Quand leur en fera-t-il cadeau? 9. Quand est la fête de Noël? 10. Paul a-t-il quelque chose à donner à ses cousins?

C. Ronjugiere: Je me le rappelle.

Je te les montrerai [les gravures].

Pourquoi me le demandais-tu?

Je ne te l'ai pas prêté [mon livre].

20.

La petite malade.

A. Marie, dors-tu encore? — Non, maman, je ne dors plus. — Eh bien, mon enfant, comment as-tu dormi? — Très bien, chère maman; quand tu es sortie de ma chambre hier au soir, je me suis endormie tout de suite et je n'ai pas ouvert l'œil de toute la nuit. — Et comment te sens-tu ce matin? — Je me sens tout à fait bien; je n'ai plus mal à la tête. — Tant mieux! Sors de ton lit et habille-toi vite; je dirai qu'on serve le déjeuner. — N'avez-vous pas encore déjeuné? — Ton père et tes frères se sont déjà servis. Papa est ensuite parti pour son bureau, et tes frères partent maintenant pour l'école. Moi, j'ai préféré attendre que ma petite malade ne dormît plus, et je ne m'en repens pas. — Merci, maman, tu es bien bonne. — Si le médecin y consent et si le temps ne dément pas mes prévisions, nous sortirons un peu vers midi. Il faut que tu regagnes les fraîches couleurs que tu avais autrefois.

B. 1. Comment s'appelle la petite malade? 2. Comment a-t-elle dormi? 3. Comment se sent-elle après cette bonne nuit? 4. Que lui ordonne sa mère? 5. Pour qui a-t-on

déjà servi le déjeuner? 6. Où le père s'est-il rendu?
7. Où se rendent les frères de Marie? 8. Pourquoi sa mère
n'a-t-elle pas encore déjeuné? 9. Dans quel cas Marie
sortira-t-elle avec sa mère? 10. Que regagnera-t-elle en
se promenant?

C. Ronjugierc: Je sers ma patrie ⎫ aud) im *Impér.*
        Je me repens de ma faiblesse ⎭
Je ne dormais plus.
Faut-il que je parte pour (Cologne)?
Je ne mentirai jamais.

21.
Le chardon.

A. Je suis, à parler franc, une bien pauvre plante:
Je n'ai point de parfum, je n'ai pas de beauté,
Je ne suis bon à rien, et partout détesté.
Je jalouse l'éclat de la rose odorante.

Comme elle, je possède une épine méchante,
Mais par aucun attrait ce mal n'est racheté;
Je n'ai qu'un seul ami que l'on dit entêté:
On le bat quand il dort, on le fuit quand il chante.

Je grandis, je fleuris dans les endroits impurs,
Sur le bord des fossés, à l'angle des vieux murs:
On me traite partout comme un être inutile.

Pour moi, jamais de soins, pour moi, point de
                pardon:
On m'arrache à l'envi de tout terrain fertile,
Je suis, enfin, la fleur des ânes . . . le chardon.

B. 1. Quelle est la pauvre plante qui nous raconte son
malheur? 2. Qu'est-ce qui lui manque? 3. A quoi le
chardon est-il bon? 4. Quelle fleur jalouse-t-il? 5. Que

possède-t-il comme la rose? 6. Où grandit le chardon?
7. Comment le traite-t-on partout? 8. D'où l'arrache-t-on
à l'envi? 9. Qui est le seul ami du chardon? 10. Que
dit-on de l'âne? 11. Que fait-on quand il dort? 12. Que
fait-on quand il chante?

C. 1. Konjugiere: Je combats mes ennemis.
Je ne sors pas encore.
2. Setze die 1. Plur. statt der 1. Sing. in dem Gedichte ein.

22.
Au théâtre.

A. Bonjour, Alfred, comment cela va-t-il? —
Merci, Richard; je vais bien, et toi? — Pas mal,
je te remercie. Où vas-tu maintenant? — Il faut
que j'aille au théâtre chercher trois billets pour ce
soir. — Je t'accompagnerai un peu avec ta permission. Qui de vous ira au théâtre ce soir? —
Mes parents iront; ils enverront un billet à ma
tante Émilie, qui désirait y aller avec eux. — Tes
parents vont toujours bien? — Ma mère n'allait
pas bien il y a quelques jours, mais à présent sa
santé va mieux. — Quelles places vas-tu chercher? —
Des fauteuils d'orchestre, s'il y en a encore. —
Combien les paieras-tu? — Trois francs 50 centimes
chacun. — Quelle pièce donnera-t-on aujourd'hui? —
On représentera la célèbre comédie de Molière:
l'*Avare*. — Nous y voilà. Va chercher tes billets! —
Mais tu m'attendras un moment, Richard? — Cela
va sans dire. Nous nous en irons ensemble.

B. 1. Comment s'appellent les deux amis qui se rencontrent
dans la rue? 2. Comment vont-ils l'un et l'autre? 3. Où
va Alfred? 4. Combien de billets va-t-il chercher?

5. Quelles places choisira-t-il? 6. Combien coûtent ces billets?
7. A qui enverra-t-on un de ces billets? 8. Quelle comédie
jouera-t-on?

C. **Konjugiere**: Je vais à (la chasse)   }
     Je ne m'en vais pas encore   } auch im *Impér.*
     A quelle heure m'en irai-je?

23.
Les jours de la semaine.

A. — Bonjour, Lundi!
     Comment va Mardi?
— Très bien, Mercredi:
Je viens, de la part de Jeudi,
     Dire à Vendredi
Qu'il s'apprête Samedi,
Pour aller à l'église Dimanche.

———————

La semaine au Lundi commence;
Et le Mardi l'ouvrage avance;
Ensuite vient le Mercredi,
Le Jeudi, puis le Vendredi;
Le Samedi comble nos vœux,
Et le Dimanche nous prions Dieu.

24.
La fourmi et le bœuf.

A. Sur les cornes d'un bœuf
Revenant du labeur,
Une fourmi s'était nichée.
„D'où viens-tu, lui cria sa sœur,
Et que fais-tu si haut perchée?“ —
„D'où je viens, peux-tu l'ignorer?
Eh! nous venons de labourer.“

B. 1. Qui revenait du labeur? 2. Qui s'était niché sur ses cornes? 3. Qu'est-ce que lui demanda sa sœur? 4. Que répondit la fourmi? 5. Que pensait-elle donc avoir fait? **C.** Ronjugiere: Je reviens sur mes pas, auch im *Impér.* Je viens de me lever.

25.
Le rouge-gorge.

A. Un rouge-gorge vint, pendant un hiver très rigoureux, à la fenêtre d'un bon villageois, comme pour demander à entrer. Le villageois ouvre sa fenêtre et accueille avec bonté, dans sa demeure, cette petite bête, qui montrait tant de confiance en lui. Elle se nourrissait de miettes de pain qui tombaient de la table du paysan. Aussi ses enfants aimaient-ils beaucoup ce petit oiseau.

Mais lorsque le printemps revint dans les campagnes, et que les haies et les buissons se couvrirent de feuillage, le bon laboureur ouvrit sa fenêtre, et son petit hôte s'envola dans le bois voisin, où il fit son nid et chanta des airs joyeux.

Quand l'hiver fut revenu, le rouge-gorge retourna vers la demeure du villageois, amenant avec lui sa petite compagne. Le bon campagnard et ses enfants se réjouirent beaucoup en voyant ces deux petits oiseaux, qui regardaient autour d'eux avec tant de confiance. Et les enfants dirent: „Ces petits oiseaux nous regardent comme s'ils voulaient nous dire quelque chose." — „Oui, dit le père, s'ils pouvaient parler, ils vous diraient: Si vous avez confiance dans les autres, les autres auront confiance en vous, et si vous aimez les autres, les autres vous aimeront également."

B. 1. Qui vint à la fenêtre d'un bon campagnard? 2. Pourquoi y vint-il? 3. Comment le villageois accueillit-il la petite bête? 4. De quoi se nourrissait le rouge-gorge? 5. Jusqu'à quand resta-t-il chez le bon paysan? 6. De quoi se couvrent les buissons au printemps? 7. Où s'envola le petit oiseau? 8. Qu'est-ce qu'il y fit? 9. Quand retourna-t-il à la maison du laboureur? 10. Qui amena-t-il avec lui? 11. De quoi se réjouirent les enfants du villageois? 12. Qu'est-ce que les deux oiseaux voulaient leur dire?

C. Konjugiere: Je me couvre de mon mieux, auch im *Impér*.
Quand je revins de mon voyage, je fus accueilli à bras ouverts.

26.
La rose des bruyères.

A. Un garçon vit un jour fleurir
La rose des bruyères,
Dans sa fraîcheur belle à ravir.
Il s'arrêta fou de plaisir,
Le cœur tout en prière.
Petite rose, ô rose rouge,
O rose des bruyères!

Il lui dit: Je te cueillerai:
O rose des bruyères!
Elle dit: Je te piquerai!
Et jamais ne le souffrirai,
Je suis beaucoup trop fière!
Petite rose, ô rose rouge,
O rose des bruyères!

Et le sauvage enfant cueillit
La rose des bruyères.
La pauvre fleur se défendit,
Fallut bien qu'elle le souffrît;
Bientôt se laissa faire.
Petite rose, ô rose rouge,
O rose des bruyères!

B. 1. Quelle fleur un jeune garçon vit-il un jour? 2. Pourquoi était-elle si belle? 3. Que sentit le jeune garçon à la vue de la rose? 4. Qu'allait-il faire? 5. Pourquoi la rose ne voulait-elle pas le souffrir? 6. Comment pensait-elle se défendre? 7. Que fit cependant l'enfant sauvage?

C. Konjugiere: Je t'accueillerai chez moi afin que tu ne souffres plus.

27.
Le départ de l'école.

A. Je quitte mon école,
J'y reviendrai demain,
Gai! le sac à l'épaule,
Et mon livre à la main.

Je vais avec courage
Regagner la maison,
Me remettre à l'ouvrage,
Répéter ma leçon.

Quand j'aurai de ma tâche
Accompli le devoir,
Je pourrai sans relâche
Jouer pendant le soir.

3*

Je veux être bien sage
Et m'appliquer toujours:
Je veux dans mon jeune âge
Semer pour mes vieux jours.

B. 1. D'où partez-vous à quatre heures de l'après-midi?
2. Que remettez-vous sur le dos? 3. Que portez-vous à la
main? 4. Où vous rendez-vous? 5. Qu'allez-vous faire
à la maison? 6. Que pourrez-vous faire quand votre
tâche sera accomplie? 7. Quand reviendrez-vous à l'école?
8. Comment faut-il être à l'école comme à la maison?
9. Que faut-il faire dans votre jeune âge?

C. 1. Konjugiere: Je répète ma leçon, auch im *Impér.*
    Il faut que je m'en aille maintenant, mais
    je reviendrai demain.
2. Setze die 3. *Sing.* statt der 1. ein: L'élève quitte.

28.

Promenade dans la campagne.

A. Ne crois-tu pas, mon neveu, qu'il serait
bien agréable de nous promener aujourd'hui dans la
campagne? Vois comme l'air est pur, comme les
cieux sont bleus, comme la nature est belle au
milieu de sa parure de verdure et de fleurs! —
Oui, mon oncle. Ici et là on aperçoit quelques
laboureurs se rendant gaîment à leur travail; ils ne
seront pas déçus dans leurs espérances, car tout
fait prévoir les plus belles récoltes. — Montons sur
cette colline, Félix. De là nous voyons tout un
monde se mouvoir à nos pieds, et dans le lointain
nous apercevons les Alpes avec leurs têtes blanches. —
Je prévois que la journée sera chaude, et je verrais
avec plaisir que tu consentisses à passer quelques

heures sous les vergers de cette grande ferme que tu aperçois là-bas et où nous aurons tout ce que nous voudrons pour nous restaurer. — J'y consens; mais sais-tu si l'on nous y recevra bien? — On nous y verra avec plaisir, mon oncle: cette ferme appartient aux parents de mon meilleur ami. — Bien, allons-y donc sans crainte. — Mes amis nous aperçoivent déjà; ne les vois-tu pas qui nous saluent? Voilà Paul qui vient à notre rencontre. — Bonjour, mon ami: bonjour, monsieur. Soyez les bienvenus! Vous devez avoir faim et soif; mais patience! on doit tout de suite servir le dîner.

B. 1. Quelles personnes allèrent se promener dans la campagne? 2. Pourquoi leur était-il si agréable de se promener? 3. Où se rendaient les laboureurs qu'ils apercevaient? 4. Quelles récoltes étaient à espérer? 5. Où monta Félix avec son oncle? 6. Que virent-ils à leurs pieds? 7. Qu'aperçurent-ils dans le lointain? 8. Où Félix désirait-il passer quelques heures? 9. A qui appartenait cette ferme? 10. L'oncle consentit-il à y aller? 11. Comment les y reçut-on? 12. Qui vint à leur rencontre? 13. Comment les salua-t-il? 14. Que leur offrit-il?

C. Ronjugiere: Je vois que j'ai été déçu dans mes espérances.
Dois-je m'en aller?
J'aperçois ce que je recevrai.

29.
En plein été.

A. Nous sommes en plein été, le thermomètre marque 32 degrés. Nous commençons à être fatigués. Le pauvre Jules s'endort parfois profondément, mais son voisin veille: il dresse devant lui un livre ouvert, afin que le maître ne le voie pas.

Qu'il est dur d'étudier maintenant! On voit par la fenêtre les grands arbres de l'allée voisine, sous lesquels il ferait si beau jouer, et je ne puis pas supporter l'idée que je doive rester là, cloué sur un banc, entre quatre murs.

Le plus brave de tous, c'est Coretti. Ce cher camarade! il doit se lever à cinq heures du matin pour porter du bois avec son père! A onze heures, il ne peut plus ouvrir les yeux, et sa tête se penche irrésistiblement vers la table. Cependant, il veut lutter. Il sort pour se plonger la tête dans l'eau fraîche, et se fait secouer par ses voisins. Ce matin, malgré tous ses efforts, un sommeil de plomb l'a saisi. Le maître s'en aperçut, mais il le laissa dormir jusqu'à la fin de la leçon. Puis il s'approcha de lui doucement et le réveilla. Coretti, voyant le maître devant lui, eut peur; il voulut s'excuser, mais le maître lui caressa les cheveux en disant: „Je ne te fais pas de reproche, mon enfant. Je sais que ton sommeil n'est pas celui de la paresse, mais celui de la fatigue!"

B. 1. Combien de degrés marquait le thermomètre? 2. Comment se trouvaient les élèves? 3. Qu'est-ce qui arrivait parfois au pauvre Jules? 4. Que faisait son voisin afin que le maître ne le vît pas? 5. Que voyait-on par la fenêtre de la salle d'école? 6. Que les élèves auraient-ils voulu faire? 7. Où devaient-ils cependant rester? 8. Qui était le plus brave de tous? 9. A quelle heure devait-il se lever? 10. Que faisait-il de si bonne heure? 11. Qu'est-ce qui lui arrivait vers les onze heures? 12. Comment voulait-il lutter contre le sommeil? 13. De quoi le maître s'aperçut-il un jour? 14. Pourquoi ne fit-il pas de reproche à Coretti?

C. 1. Konjugiere: Je voyais ce que je devais faire.
2. Setze in Nr. 27 bie 1. *Plur.* statt der 1. *Sing.* ein.

30.

Le charbonnier et le monsieur.

A. Charles Nobis est fier parce que son père
est un beau monsieur, très sérieux, grand, avec
une belle barbe noire, qui vient tous les jours
l'accompagner à l'école. Hier matin, Nobis se que-
rella avec Dubois, un des plus petits et fils d'un
charbonnier; ne sachant plus que répondre parce
qu'il avait tort, il lui cria tout haut: „Ton père
est un vaurien.“ Dubois devint tout rouge, il ne
sut que répondre, mais les larmes lui vinrent aux
yeux. De retour à la maison, il raconta l'affaire à
son père. Celui-ci, un petit homme tout noir, vint
avec son garçon à la leçon de l'après-midi pour
déposer une plainte. Et voilà justement, pendant
qu'il parlait, le père de Nobis qui arriva avec son
fils; entendant prononcer son nom, il s'avança pour
voir de quoi il s'agissait.

„Cet ouvrier, dit le maître, accuse votre fils
Charles d'avoir dit au sien: Ton père est un vaurien.“
Le père de Nobis fronça le sourcil et rougit. Il
demanda à son fils: „As-tu vraiment dit cela?“
Charles, debout devant le petit Dubois, la tête basse,
ne répondit rien. Alors son père le saisit par le
bras et le plaça bien en face de Dubois. „Maintenant, demande-lui pardon!“

Le charbonnier voulut intervenir, mais M. Nobis
n'en tint pas compte et répéta à son fils: „Fais-lui
des excuses, répète ce que je vais te dire: Je te
demande pardon pour la parole injurieuse, insensée
et ignoble que j'ai dite contre ton père, auquel

le mien est très honoré de pouvoir serrer la main!"

Le charbonnier fit un geste, comme pour dire: „Je ne veux pas." Mais le monsieur n'y fit aucune attention, et son fils répéta lentement, sans lever les yeux du plancher: „Je te demande pardon ... pour la parole injurieuse ... insensée ... et ignoble, que j'ai dite ... contre ton père ... auquel le mien ... est très honoré de pouvoir ... serrer la main." Puis M. Nobis tendit sa main au charbonnier, qui la serra fortement et qui poussa ensuite son garçon dans les bras de Charles.

„Voulez-vous me faire le plaisir de les mettre l'un près de l'autre?" dit le monsieur au maître. Celui-ci plaça aussitôt les deux enfants dans le même banc. Cela fait, M. Nobis salua et sortit.

Le charbonnier resta là tout pensif. Il s'approcha du banc en regardant Nobis, comme s'il voulait lui parler: mais il ne put rien dire; il se contenta de lui caresser les cheveux avec sa grosse main, puis il partit en jetant un dernier regard affectueux à Nobis.

„Souvenez-vous bien de ce que vous avez vu, mes enfants, dit le maître; c'est la plus belle leçon de l'année!"

B. 1. Pourquoi Charles Nobis était-il fier? 2. Avec qui se querella-t-il un jour? 3. Que lui cria-t-il tout haut? 4. Comment Dubois accueillit-il ces paroles injurieuses? 5. Qui sut l'affaire? 6. Que fit alors le père de Dubois? 7. Qui arriva justement pendant qu'il déposait une plainte? 8. Comment M. Nobis sut-il de quoi il s'agissait? 9. Que demanda-t-il à son fils? 10. Quelle mine Charles fit-il à cette question? 11. Qu'est-ce que M. Nobis ordonna à son garçon? 12. Qui voulut intervenir? 13. Quelles paroles

Charles Nobis dut-il prononcer? 14. A qui son père tendit-il la main? 15. Que dit-il au maître? 16. A qui le charbonnier aurait-il voulu parler? 17. De quoi se contenta-t-il? 18. Pourquoi les élèves se souviendront-ils de ce qu'ils ont vu?

C. Ronjugiere: Je ne pus pas faire ce que je voulais.
Je ne sais pas si je devrai m'en contenter.

31.
Dicton.

A. Apprends, tu sauras.
Si tu sais, tu pourras.
Si tu peux, tu voudras.
Si tu veux, bien auras.
Si bien as, bien feras.
Si bien fais, Dieu verras.
Si Dieu vois, sain seras
A toujours mais.

Anm. bien auras = tu auras du bien.
Si tu as du bien, tu feras du bien.
Si tu fais du bien, tu verras Dieu.

C. 1. Setze die 2. *Plur.* statt der 2. *Sing.* ein.
2. Ronjugiere: Je verrai, quand je pourrai venir.
Je viendrai, quand je voudrai.

32.
Lettre d'invitation.

A. Je viens vous prier, mon cher Alfred, au nom de mes parents, bien entendu, de venir passer le dimanche gras avec nous. Je m'y prends à l'avance, comme vous le voyez; car vous êtes si souvent invité que cette précaution me paraît indispensable. Nous ferons en sorte que vous n'ayez pas à regretter l'emploi de votre temps.

Vous connaissez mes chers parents, vous savez combien ils sont bons, et quel plaisir ils éprouvent quand ils nous voient tous gais et contents. Eh bien! ce jour-là, ils prétendent nous préparer des surprises dont ils ne veulent faire part à personne. Tout ce que je puis vous dire, c'est que j'ai entendu parler d'un bal masqué et d'une loterie où le plus mauvais numéro gagnera encore quelque chose. Au cas que mes parents veuillent bien me mettre entièrement dans leur confidence et m'autoriser à vous tenir au courant, je m'empresserai de profiter de cette permission.

Veuillez me répondre tout de suite, cher ami: mes parents le désirent parce qu'il faut qu'ils sachent s'ils peuvent compter sur tout leur monde.

Adieu, mon cher Alfred; je ne m'amuserai pas à vous demander pardon de mon griffonnage, j'ai bien autre chose à faire. Recevez, s'il vous plaît, une bonne poignée de main de

votre ami Ernest.

B. 1. Pour quel jour Alfred est-il invité? 2. Au nom de qui Ernest invite-t-il son ami? 3. Pourquoi s'y prend-il à l'avance? 4. Quelles surprises prépare-t-on aux invités? 5. Dans quel cas Ernest pourra-t-il tenir son ami au courant? 6. Pourquoi Alfred doit-il répondre tout de suite? 7. De quoi Ernest ne lui demande-t-il pas pardon?

C. 1. Konjugiere: Je ne puis pas ce que je veux.
   Il faut que je le sache.
   Au cas que tu veuilles, je te tiendrai au courant.

2. Setze die 2. *Sing.* statt der 2. *Plur.* ein.

33.
Dieu présent partout.

A. Oui, Dieu me voit du haut des cieux,
A tout moment, en tous les lieux;
Quand le jour luit et chasse l'ombre,
Ou quand la nuit est la plus sombre.

Oui, Dieu connaît du haut des cieux
Ce que je sens, ce que je veux:
Ce qu'en secret mon cœur désire,
Ce que je hais, ce qui m'attire.

Oui, Dieu se plaît, du haut des cieux,
A rendre content et joyeux
L'enfant qui, marchant dans sa crainte,
Aime à tenir la route sainte.

34.
Les trois amis.

A. Un homme avait trois amis. Il y en avait deux qu'il aimait beaucoup; le troisième lui était presque indifférent, quoique celui-ci lui fût très sincèrement attaché.

Il arriva que l'homme fut traduit en justice. „Qui de vous, dit-il à ses amis, viendra avec moi et témoignera en ma faveur? Car je suis fortement accusé, et le roi est très irrité contre moi."

Le premier de ses amis s'excusa aussitôt de ne pouvoir l'accompagner, étant retenu par d'autres affaires. Le second le suivit jusqu'à la porte du tribunal, et là il s'en retourna, ayant peur de la colère du juge. Le troisième, sur lequel il comptait le moins, entra avec lui, parla pour lui et témoigna si ardemment pour son innocence, que le juge le renvoya absous.

L'homme a trois amis en ce monde. Comment se conduisent-ils à l'heure de la mort, quand Dieu traduit l'homme devant son tribunal? L'argent, l'ami qu'il chérissait le plus, l'abandonne le premier et ne le suit pas. Ses parents et ses amis le suivent jusqu'à la porte du tombeau, et s'en reviennent dans leurs maisons. Son troisième ami, celui qu'il oubliait le plus fréquemment dans la vie, ce sont ses bonnes actions. Elles l'accompagnent devant le juge, parlent en sa faveur et obtiennent pitié et grâce pour ses fautes.

B. 1. Combien d'amis un homme avait-il? 2. Lequel de ses amis lui était presque indifférent? 3. Qu'est-ce qui arriva à l'homme? 4. Que demanda-t-il à ses amis? 5. De quoi le premier s'excusa-t-il? 6. Jusqu'où le second le suivit-il? 7. Pourquoi s'en retourna-t-il alors? 8. Que fit le troisième ami? 9. Qu'obtint-il par ses paroles? 10. Quels sont les trois amis que l'homme a en ce monde? 11. Comment le premier ami se conduit-il à l'heure de la mort? 12. Qui suit l'homme jusqu'au tombeau? 13. Qui l'accompagne devant le juge? 14. Qu'est-ce que ses bonnes actions obtiendront pour lui?

C. Konjugiere: Je te suis où tu me conduis.

J'obtins mon pardon.

35.
Sur la manière d'écrire.

A.   Ma chère Julie,

J'ai reçu hier votre lettre. Votre écriture s'est améliorée, mais toutes vos lettres ont deux ou trois pâtés; puis il est bien rare que vous ne les pliiez pas de travers, malgré les recommandations que votre mère ou votre professeur a dû vous faire. N'oubliez pas, ma chère Julie, que tout ce qui sort des mains d'une femme doit avoir un cachet d'élégance et de propreté. Je ne sais pas non plus pourquoi vous écrivez depuis quelque temps sur une toute petite feuille de papier. Il est ridicule et presque impoli d'écrire à vos amies sur un pareil format: c'est annoncer qu'on n'a que très peu de chose à dire, et que la personne à laquelle on écrit ne mérite pas qu'on fasse de grands frais pour elle. Je m'étonne que vous ne fassiez pas attention à ces petits riens, que votre tante et moi vous faisons si souvent remarquer. Quant à l'orthographe, je constate avec plaisir que vous y donnez tous vos soins.

Adieu, ma chère Julie; vous voyez que, malgré le chagrin et la fatigue qui m'accablent, je m'occupe toujours de vous.

B. 1. Comment trouve-t-on l'écriture de Julie? 2. En quoi ses lettres laissent-elles à désirer? 3. Comment ses lettres sont-elles souvent pliées? 4. Quel cachet doivent avoir ses lettres? 5. Sur quel format de papier Julie écrit-elle depuis quelque temps? 6. Qu'est-ce qu'un pareil format annonce? 7. Que constate la mère quant à l'orthographe de sa fille?

C. Konjugiere: Quoique je fasse attention, je n'écris pas bien.

36.
L'écolier.

A. Un enfant se rendait à l'école. Le livre qu'il portait lui paraissait lourd; au lieu de se hâter, il s'amusait de tout ce qu'il voyait.

Il aperçut une abeille qui voltigeait de fleur en fleur. „Abeille, lui dit-il, voulez-vous me parler? Nous rirons ensemble et vous m'apprendrez à voler." — „Je n'ai pas le temps, lui répondit l'insecte; j'ai vu des fleurs qui s'ouvrent; il faut que j'en recueille le miel. On ne joue pas toujours; nul ne peut vivre sans travailler."

Une hirondelle passa. „Voudriez-vous jouer avec moi?" — „Je ne le puis; il faut que je construise un nid pour mes petits; personne ne le fera pour moi."

L'enfant vit alors un dogue, qui était couché dans sa niche. „Bon chien, si je m'approche, tu ne me mordras pas. Tu dois t'ennuyer tout seul; mais tu n'as pas de livre; tu ne vas pas à l'école; tu es bien heureux." — „Mon ami, vous avez tort de parler ainsi. Chacun doit s'instruire; faites-le pendant que vous êtes jeune. Les chiens ne lisent pas; on ne leur apprend rien; mais la chaîne est pour eux."

L'enfant l'écouta. Son livre lui parut moins lourd. Il partit pour l'école et peu après, il savait lire.

B. 1. Où se rendait l'enfant? 2. Que faisait-il en route? 3. Quel insecte aperçut-il? 4. Qu'est-ce que l'enfant lui demanda? 5. Pourquoi l'abeille ne pouvait-elle pas jouer avec l'écolier? 6. Pourquoi l'hirondelle ne le voulait-elle pas non plus? 7. Pourquoi l'enfant pensait-il que le dogue était bien heureux? 8. Quelle leçon cet animal lui donna-t-il? 9. Que fit alors l'écolier?

C. Konjugiere: Il faut que je m'instruise dans mon jeune âge.
Je te vis, mais tu ne m'aperçus pas.

37.

Le chat botté.

I.

A. Un meunier ne laissa pour tous biens à trois enfants qu'il avait, que son moulin, son âne et son chat. Les partages furent bientôt faits; l'aîné eut le moulin, le second eut l'âne, et le plus jeune n'eut que le chat. Ce dernier ne pouvait se consoler d'avoir un si pauvre lot. „Mes frères, disait-il, pourront gagner leur vie honnêtement en se mettant ensemble; pour moi, lorsque j'aurai mangé mon chat, et que je me serai fait un manchon de sa peau, il faudra que je meure de faim." Le chat, qui entendit ce discours, mais qui n'en fit pas semblant, lui dit d'un air sérieux: „Ne vous affligez point, mon maître, vous n'avez qu'à me donner un sac, et me faire faire une paire de bottes pour aller dans les broussailles, et vous verrez que vous n'êtes pas si mal partagé que vous croyez."

Quoique le maître du chat ne fît pas grand fond là-dessus, il lui avait vu faire tant de tours de souplesse pour prendre des rats et des souris, qu'il ne désespéra pas d'en être secouru dans sa misère.

B. 1. Qu'est-ce que le meunier laissa à ses trois enfants? 2. Comment fut fait le partage? 3. Qu'est-ce que le plus jeune pensait de son lot? 4. Qu'est-ce que le chat demanda à son maître? 5. Pourquoi celui-ci y consentit-il? 6. Qu'en espérait-il encore?

C. Konjugiere: Je disais que je ne pouvais pas partir.
Je crois que je te verrai encore.

II.

A. Lorsque le chat eut ce qu'il avait demandé, il se botta bravement, et, mettant son sac à son cou, il en prit les cordons avec ses deux pattes de devant et s'en alla dans une garenne où il y avait grand nombre de lapins. Il mit du son dans son sac, et, s'étendant comme s'il eût été mort, il attendit que quelque jeune lapin, peu instruit encore des ruses de ce monde, vînt se fourrer dans son sac pour manger ce qu'il y avait mis. A peine se fut-il couché qu'un jeune étourdi de lapin entra dans son sac; le maître chat, tirant aussitôt ses cordons, le prit et le tua sans miséricorde.

Tout glorieux de sa proie, il s'en alla chez le roi, et demanda à lui parler. On le fit monter à l'appartement de Sa Majesté, où il fit une grande révérence au roi et lui dit: „Voilà, Sire, un lapin de garenne que M. le marquis de Carabas — c'était le nom qu'il s'avisa de donner à son maître — m'a chargé de vous présenter de sa part." — „Dis à ton maître, répondit le roi, que je le remercie et qu'il me fait plaisir."

Une autre fois, il alla se cacher dans un champ de blé, tenant toujours son sac ouvert, et, lorsque deux perdrix y furent entrées, il tira les cordons et les prit toutes les deux. Il alla ensuite les présenter au roi, comme il avait fait pour le lapin de garenne. Le roi reçut encore avec plaisir les deux perdrix, et lui fit donner pour boire. Le chat continua ainsi pendant deux ou trois mois à porter de temps en temps au roi du gibier de la chasse de son maître.

B. 1. Que fit le chat des bottes et du sac qu'il reçut de son maître? **2.** Où alla-t-il prendre des lapins? **3.** Que mit-il dans son sac? **4.** Comment réussit-il à prendre un jeune lapin? **5.** A qui l'apporta-t-il? **6.** De la part de qui fit-il semblant de venir? **7.** Comment le roi reçut-il le chat? **8.** De quelle manière le chat prit-il deux perdrix? **9.** A qui les présenta-t-il? **10.** Que continua-t-il à faire pendant deux ou trois mois?

C. Konjugiere: Je mets mon chapeau (auch im *Impér.*).
Je le pris sur moi.

III.

A. Un jour qu'il sut que le roi devait aller à la promenade sur le bord de la rivière avec sa fille, la plus belle princesse du monde, il dit à son maître: „Si vous voulez suivre mon conseil, votre fortune est faite: vous n'avez qu'à vous baigner dans la rivière à l'endroit que je vous montrerai, et ensuite me laisser faire.“ Le marquis de Carabas fit ce que son chat lui conseillait, sans savoir à quoi cela serait bon. Dans le temps qu'il se baignait, le roi vint à passer, et le chat se mit à crier de toute sa force: „Au secours! au secours! voilà M. le marquis de Carabas qui se noie!“ A ce cri, le roi mit la tête à la portière, et, reconnaissant le chat qui lui avait apporté tant de fois du gibier, il ordonna à ses gardes qu'on allât vite au secours de M. le marquis de Carabas. Pendant qu'on retirait le pauvre marquis de la rivière, le chat, s'approchant du carrosse, dit au roi que, dans le temps que son maître se baignait, il était venu des voleurs qui avaient emporté ses habits, quoiqu'il eût crié: *Au voleur!* de toute sa force. Le drôle les avait

cachés sous une grosse pierre. Le roi ordonna
aussitôt aux officiers de sa garde-robe d'aller chercher
un de ses plus beaux habits pour M. le marquis
de Carabas. Le roi lui fit mille caresses, et comme
les beaux habits qu'on venait de lui donner rele-
vaient sa bonne mine — car il était beau et bien
fait de sa personne — la fille du roi le trouva
fort à son gré et en devint amoureuse. Le roi
voulut qu'il montât dans son carrosse et qu'il fût de
la promenade.

B. 1. Où le roi se promenait-il un jour avec sa fille?
2. Quel conseil le chat avait-il donné à son maître?
3. Que cria le chat, quand le roi vint à passer? 4. Qu'est-
ce que le roi ordonna à ses gardes? 5. Pourquoi le marquis de Carabas se trouvait-il sans habits? 6. Comment
les beaux habits du roi lui allaient-ils? 7. Qui le trouva
à son gré? 8. A quoi le roi invita-t-il le marquis?

C. Konjugiere: Je me mis à crier de toutes mes forces.
Je sus que je devais y aller.

IV.

A. Le chat, ravi de voir que son dessein com-
mençait à réussir, prit les devants, et, ayant ren-
contré des paysans qui fauchaient un pré, il leur dit:
„Bonnes gens qui fauchez, si vous ne dites au roi que
le pré que vous fauchez appartient à M. le marquis
de Carabas, vous serez tous hachés menu comme chair
à pâté." Le roi ne manqua pas de demander aux
faucheurs à qui était ce pré qu'ils fauchaient. „C'est
à M. le marquis de Carabas," dirent-ils tous ensemble,
car la menace du chat leur avait fait peur. —
„Vous avez là un bel héritage!" dit le roi au marquis de Carabas. — „Vous voyez, Sire, répondit le

marquis, c'est un pré qui ne manque point de rapporter abondamment toutes les années." Le maître chat, qui allait toujours devant, rencontra des moissonneurs et leur dit: „Bonnes gens qui moissonnez, si vous ne dites que tous ces blés appartiennent à M. le marquis de Carabas, vous serez hachés menu comme chair à pâté!" Le roi, qui passa un moment après, voulut savoir à qui appartenaient tous les blés qu'il voyait. „C'est à M. le marquis de Carabas," répondirent les moissonneurs, et le roi s'en réjouit avec le marquis. Le chat, qui allait devant le carrosse, disait toujours la même chose à tous ceux qu'il rencontrait, et le roi était étonné des grands biens de M. le marquis de Carabas.

B. 1. Pourquoi le chat prit-il les devants? 2. Que dit-il aux paysans qui fauchaient un pré? 3. De quoi les menaça-t-il? 4. Que répondirent-ils donc au roi, quand il demanda, à qui le pré appartenait? 5. A quelles gens le chat adressa-t-il la même menace? 6. Quelle réponse obtint le roi? 7. De quoi s'étonna-t-il?

C. Konjugiere: Je dis que tu me fais plaisir.
Je voulus savoir ce que je voyais.

V.

A. Le maître chat arriva enfin dans un beau château, dont le maître était un ogre, le plus riche qu'on ait jamais vu; car toutes les terres par où le roi avait passé étaient de la dépendance de ce château. Le chat eut soin de s'informer qui était cet ogre, et ce qu'il savait faire, et demanda à lui parler, disant qu'il n'avait pas voulu passer si près de son château sans avoir l'honneur de lui faire la révérence. L'ogre le reçut aussi civilement que le peut un ogre, et le fit reposer. „On m'a assuré, dit le chat, que vous aviez le don de vous changer en toutes sortes d'animaux, et que vous pouviez, par exemple, vous transformer en lion, en éléphant." — „Cela est vrai, répondit l'ogre brusquement, et pour vous le montrer, vous allez me voir devenir lion." Le chat fut si effrayé de voir un lion devant lui, qu'il gagna aussitôt les gouttières, non sans peine et sans péril, à cause de ses bottes qui ne valaient rien pour marcher sur les tuiles. Quelque temps après, le chat, ayant vu que l'ogre avait quitté sa première forme, descendit et avoua qu'il avait eu bien peur. „On m'a assuré encore, dit le chat, mais je ne saurais le croire, que vous aviez aussi le pouvoir de prendre la forme des plus petits animaux, par exemple de vous changer en un rat, en une souris; je vous avoue que je crois cela tout à fait impossible." — „Impossible? reprit l'ogre, vous allez le voir." Et en même temps il se changea en une souris, qui se mit à courir sur le plancher. Le chat n'eut pas plus tôt aperçu la souris, qu'il se jeta dessus et la mangea.

B. 1. A qui appartenaient toutes les terres par où le roi avait passé? 2. Où demeurait l'ogre? 3. De quelle manière se présenta le chat devant l'ogre? 4. Que prétendait-il avoir entendu dire de l'ogre? 5. En quel animal se changea l'ogre? 6. Comment s'échappa le chat? 7. Pourquoi eut-il de la peine à gagner les gouttières? 8. Quelle forme l'ogre prit-il alors? 9. Qu'est-ce que le chat fit de la souris?

C. Konjugiere: De qui tenais-je ce que je savais?
Je ne saurais le croire.

A. Cependant le roi, qui vit en passant le beau château de l'ogre, voulut entrer dedans. Le chat, qui entendit le bruit du carrosse qui passait sur le pont-levis du château, courut au-devant, et dit au roi: „Votre Majesté soit la bienvenue dans ce château de M. le marquis de Carabas!" — „Comment, monsieur le marquis, s'écria le roi, ce château est encore à vous? Il n'y a rien de plus beau que cette cour et que tous ces bâtiments qui l'environnent; voyons le dedans, s'il vous plaît." Le marquis donna la main à la jeune princesse, et, suivant le roi qui montait le premier, ils entrèrent dans une grande salle, où ils trouvèrent un magnifique repas que l'ogre avait fait préparer pour ses amis, qui devaient venir le voir ce même jour-là, mais qui n'avaient pas osé entrer, sachant que le roi y était. Le roi, charmé des bonnes qualités de M. le marquis de Carabas, de même que sa fille, qui en était folle, et voyant les grands biens qu'il possédait, lui dit, après avoir bu cinq à six coups: „Il ne tiendra qu'à vous, monsieur le marquis, que vous ne soyez mon gendre." Le marquis, faisant de grandes révérences, accepta l'honneur que lui faisait le roi, et dès le jour même il épousa la princesse. Le chat devint grand seigneur, et ne courut plus après les souris que pour se divertir.

B. 1. Que désira le roi en passant devant le beau château de l'ogre? 2. Qui courut au-devant du roi? 3. De quelle manière salua-t-il Sa Majesté? 4. Que dit le roi des bâtiments du château? 5. Qui le marquis conduisit-il? 6. Où entrèrent-ils? 7. Pour qui avait-on préparé un magnifique

repas? 8. Pourquoi les invités n'étaient-ils pas venus?
9. Qu'est-ce que le roi proposa au marquis de Carabas?
10. Comment le chat fut-il récompensé?

C. Konjugiere: Je faisais ce que je voulais.
Je courus à ton secours.

38.
Monsieur de La Palisse.

1.

A. Messieurs, vous plait-il d'ouïr
L'air du fameux La Palisse?
Il pourra vous réjouir,
Pourvu qu'il vous divertisse.

2.

La Palisse eut peu de bien
Pour soutenir sa naissance;
Mais il ne manqua de rien,
Dès qu'il fut dans l'abondance.

3.

Bien instruit dès le berceau,
Jamais, tant il fut honnête,
Il ne mettait son chapeau,
Qu'il ne se couvrit la tête.

4.

Il voulait dans ses repas
Des mets exquis et fort tendres,
Et faisait son mardi gras
Toujours la veille des Cendres.

5.

Il épousa, ce dit-on,
Une vertueuse dame;
S'il avait vécu garçon,
Il n'aurait pas eu de femme.

6.

Il en fut toujours chéri,
Elle n'était point jalouse;
Sitôt qu'il fut son mari,
Elle devint son épouse.

7.

Il eut des talents divers;
Même on assure une chose:
Quand il écrivait en vers,
Il n'écrivait pas en prose.

8.

Il prétendit, en un mois,
Lire toute l'Écriture,
Et l'aurait lue une fois,
S'il en eût fait la lecture.

9.

Mieux que tout autre il savait
A la cour jouer son rôle;
Et jamais lorsqu'il buvait,
Ne disait une parole.

10.

Lorsqu'en sa maison des champs
Il vivait libre et tranquille,
On aurait perdu son temps
De le chercher à la ville.

11.

Il voyageait volontiers,
Courant par tout le royaume;
Quand il était à Poitiers,
Il n'était pas à Vendôme.

12.

Il se plaisait en bateau,
Et, soit en paix, soit en guerre,
Il allait toujours par eau,
A moins qu'il n'allât par terre.

13.

Dans un superbe tournoi,
Prêt à fournir sa carrière,
Il parut devant le roi:
Il n'était donc pas derrière.

14.

Monté sur un cheval noir,
Les dames le reconnurent;
Et c'est là qu'il se fit voir
A tous ceux qui l'aperçurent.

15.

Il fut, par un triste sort,
Blessé d'une main cruelle;
On croit, puisqu'il en est mort,
Que la plaie était mortelle.

16.

Il mourut le vendredi,
Le dernier jour de son âge:
S'il fût mort le samedi,
Il eût vécu davantage.

B. 1. Quelle histoire est racontée dans ces vers? 2. Quand La Palisse ne manquait-il de rien? 3. Comment mettait-il son chapeau? 4. Quels mets aimait-il? 5. Quand faisait-il son mardi gras? 6. Qui épousa-t-il? 7. Quels talents possédait-il? 8. Où savait-il jouer un rôle? 9. De quelle manière aimait-il à voyager? 10. Où fut-il blessé à mort? 11. Sur quel cheval était-il monté? 12. Quel jour mourut-il?

C. 1. Setze die 2. *Plur.* statt der 3. *Sing.* ein: Monsieur de La Palisse, vous eûtes peu de bien.
2. Konjugiere: Je lisais pendant que tu écrivais.
Quand je parus devant toi, tu ne me reconnus pas.
Je vivais tranquille pendant que tu courais le monde.

39.

Britannicus.

Tragédie par Jean Racine, représentée en 1669.

A. Agrippine, seconde femme de l'empereur Claude, est parvenue, à force d'intrigues et de crimes, à élever au trône son fils Néron dans l'intention de régner sous son nom. Mais elle s'est aperçue que ce prince, las de son joug, tâche de s'y soustraire; avide de pouvoir, elle s'est décidée à marier Britannicus, fils de Claude et frère adoptif de Néron, dans le but de s'en servir contre son propre fils. Ces plans sont déjoués par l'empereur; par son ordre la fiancée de Britannicus, Junie, est enlevée pendant la nuit et conduite au palais impérial, où elle sera détenue. Mais à peine Néron l'a-t-il aperçue à la lueur des flambeaux qu'il en devient amoureux. Il mande Britannicus dans son palais et lui ordonne de renoncer à son amour. Sur le refus du jeune prince, il le fait arrêter et dès ce moment projette sa mort. Agrippine elle-même est retenue captive dans le palais; cependant elle réussit à obtenir une entrevue avec son fils. Dans un entretien remarquable, elle lui rappelle quels bienfaits elle lui a prodigués et l'accuse d'ingratitude. Néron cherche à se justifier, il consent à l'union projetée entre Britannicus et Junie et promet même de se réconcilier avec son frère; mais à peine a-t-elle disparu qu'il déclare à Burrhus, son gouverneur, qu'il est résolu, sous l'apparence de la réconciliation, à assassiner Britannicus. Effrayé d'un pareil projet, Burrhus retrace à son élève et les conséquences de ce crime et le souvenir des belles qualités qu'il a montrées en arrivant à l'empire. Il le supplie de tout pardonner et semble l'avoir ramené à de meilleurs sentiments, quand les perfides suggestions de Narcisse, gouverneur de Britannicus et en même temps confident et favori de l'empereur, rallument dans son cœur la haine et la vengeance. Profitant de la promesse qu'il a faite de se réconcilier avec Britannicus, il l'invite à un festin, pendant lequel il le fait empoisonner. Il ne jouit pas cependant du fruit de son crime; on apprend que Junie, qu'il a convoitée, lui a échappé en se réfugiant dans le temple des vestales.

B. 1. A quoi Agrippine est-elle parvenue? 2. Quelle intention a-t-elle eue en élevant Néron au trône? 3. De quoi s'est-elle pourtant aperçue? 4. Quelle résolution a-t-elle prise alors? 5. Comment ses plans ont-ils été déjoués? 6. Quelle impression Junie a-t-elle faite sur l'empereur?

7. Quel ordre Néron a-t-il donné à son fiancé? 8. Où Agrippine a-t-elle été retenue? 9. Qu'a-t-elle rappelé à son fils? 10. De quoi l'a-t-elle accusé? 11. A quoi Néron a-t-il consenti? 12. Quelle promesse a-t-il même faite? 13. Quelle intention a-t-il montrée à son gouverneur? 14. Quels conseils Burrhus lui a-t-il donnés? 15. Quelles suggestions ont cependant réussi à rallumer la haine et la vengeance dans le cœur de l'empereur? 16. De quelle manière a-t-il fait assassiner son frère? 17. Pourquoi n'a-t-il pas joui du fruit de son crime?

C. Erzähle die Handlung im *Passé déf.*

40.

Charlemagne.

A. Le surnom de grand, *Magnus*, a été donné à Charles d'un commun consentement par la postérité, et est devenu en quelque sorte une partie de son nom propre. Sa grandeur réelle, celle de son pouvoir, de son caractère, l'éclat de ses conquêtes, l'influence qu'il exerçait sur son siècle, avaient frappé d'admiration ses contemporains. Ils sentaient bien que c'était un homme d'une trempe d'âme toute particulière, comme il n'en était de longtemps monté sur le trône. Le portrait que Éginhard nous a tracé du prince dont il fut le secrétaire et l'ami, laisse beaucoup à désirer. Nous le traduirons cependant, même avec les détails qu'on peut juger au-dessous de la dignité de l'histoire, et par lesquels il commence:

„Charles, dit Éginhard, portait les vêtements de sa patrie ou des Franks: il revêtait d'abord son corps d'une chemise et d'un caleçon de lin, puis il

se couvrait d'une tunique bordée de soie, et de
hauts-de-chausses, enfin il serrait ses jambes dans
des bandelettes, et ses pieds dans leur chaussure.
En hiver il y ajoutait, pour couvrir ses épaules et
sa poitrine, une veste de peau de loutre. Il s'en-
veloppait d'un manteau de Venise, et il ceignait
toujours une épée dont la poignée et le baudrier
étaient ou d'or ou d'argent. Quelquefois aussi,
mais seulement dans les grandes fêtes, et quand il
recevait les ambassadeurs des nations étrangères,
il se servait d'une épée ornée de pierres précieuses.
Dans les autres jours, ses habits différaient peu de
ceux que portaient les hommes du peuple.

„Il était sobre pour la nourriture, mais plus
sobre encore pour la boisson. En effet, il avait
horreur de l'ivresse en tout homme, mais bien plus
encore pour lui-même et pour les siens. Quant à la
nourriture, il ne pouvait point autant s'en abstenir,
et il se plaignait souvent de ce que les jeûnes
nuisaient à sa santé.

„Son éloquence était abondante, et il pouvait
exprimer avec facilité tout ce qu'il voulait; et, ne
se contentant point de sa langue maternelle, il s'était
donné la peine d'en apprendre d'étrangères. Il avait
appris si bien la latine, qu'il pouvait parler en
public dans cette langue, presque aussi facilement
que dans la sienne propre.

„Charles avait étudié avec soin les arts libéraux;
il en respectait fort les docteurs, et les comblait
d'honneurs. Il avait appris la grammaire du diacre
Pierre Pisan, qui lui donna des leçons dans sa
vieillesse. Dans ses autres études, il avait eu pour

précepteur Alcuin, diacre venu de Bretagne, mais de race saxonne, homme très instruit en toute science. Il avait consacré avec lui beaucoup de temps et de peine à apprendre la rhétorique, la dialectique, et surtout l'astronomie. Il apprenait encore l'art du calcul, et il s'appliquait avec beaucoup de soin à fixer le cours des astres."

B. 1. Quel surnom a-t-on donné à Charles? 2. Pourquoi ses contemporains étaient-ils frappés d'admiration? 3. De quelle trempe était Charlemagne? 4. Qui nous a tracé le portrait de ce prince? 5. Quels vêtements Charles portait-il? 6. De quoi se revêtait-il? 7. De quoi couvrait-il ses épaules en hiver? 8. De quoi s'enveloppait-il? 9. Dans quelles occasions se servait-il d'une épée ornée de pierreries? — 10. De quoi avait-il horreur? 11. De quoi ne pouvait-il pas bien s'abstenir? 12. De quoi se plaignait-il souvent? 13. De quoi savait-il parler avec facilité? 14. De quelle langue ne se contentait-il pas? 15. Quelle langue s'était-il donné la peine d'apprendre? 16. Quels arts avait-il étudiés? 17. De qui avait-il appris la grammaire? 18. Qui avait-il eu pour précepteur dans ses autres études? 19. D'où Alcuin était-il venu? 20. De quelle race était-il? 21. A quoi Charlemagne s'appliquait-il avec beaucoup de soin?

C. Schreibe 1. über: Toilette d'homme.
2. über: Nos études.

41.

Les petits métiers de Paris.

I.

A. A Paris il y a une foule d'industries qui n'appartiennent qu'à la grande ville; industries qui font vivre des familles, qui envoient des enfants au collège, qui donnent des dots aux filles à marier, et souvent un tombeau au Père-Lachaise. Voyez-vous, le petit métier domine dans cette grande ville. Le petit métier est la Providence du Parisien qui n'est pas riche. Le petit métier le met au niveau de toutes les fortunes; il lui donne les moyens de satisfaire tous ses désirs. C'est aux petits métiers que le Parisien doit son bien-être et sa maison, et ses gens et sa voiture. Les petits métiers ont donné à chaque Parisien une grande voiture à deux et à trois chevaux, toujours à ses ordres, toujours prête à lui faire traverser la ville dans tous les sens. Insouciant et paresseux bonhomme de Paris! Il a fallu que le conducteur d'omnibus eût la livrée, il a réglé le nombre et la couleur des chevaux; il a pris tous les soins possibles de son équipage. Aussi quand il est gravement étalé sur les coussins élastiques, appuyé sur sa canne à pomme d'ivoire, vous pouvez nous en croire, le Parisien n'a rien à envier à son voisin, le ci-devant marquis, qui, pour aller en voiture, a des chevaux à acheter, une écurie à louer, du foin et des valets à payer, sans compter qu'il est obligé d'aller en fiacre le plus souvent.

Et non-seulement le petit métier s'applique aux nécessités de la vie et à ces besoins de luxe qui sont encore une nécessité; mais encore le petit métier s'inquiète des caprices les plus bizarres, de ces caprices qu'on ne voit qu'au riche et au puissant, que les riches seuls se permettent dans les autres pays, et que le Parisien se permet dans le sien à tout propos.

B. 1. Quelles industries appartiennent à Paris seul? 2. Qu'est-ce que le Parisien leur doit? 3. Quels moyens le petit métier fournit-il au Parisien? 4. Où ceux qui exercent ces industries envoient-ils leurs enfants? 5. Que peuvent-ils donner à leurs filles à marier? 6. Où trouvent-ils souvent un tombeau? 7. Quelle voiture les petits métiers ont-ils donné à chaque Parisien? 8. A quoi cette voiture est-elle toujours prête? 9. Quels soins le Parisien a-t-il prodigués à son équipage? 10. Sur quoi s'appuie-t-il? 11. A qui n'a-t-il rien à envier? 12. Que le marquis a-t-il à faire pour aller en voiture? 13. A quoi le petit métier s'applique-t-il même? 14. Que le Parisien se permet-il à tout propos? 15. A qui voit-on sans cela ces caprices?

C. Schreibe über: Voitures.

II.

A. Le commissionnaire du quartier est le plus souvent un épais gaillard à la vaste poitrine, aux larges épaules, à la barbe noire; on sent à le voir que c'est un homme à son aise, qui ne doit rien à personne, à qui on doit beaucoup, et qui n'est pas sans avoir quelque bonne réserve pour les mauvais jours. Le commissionnaire du quartier, c'est votre domestique à vous, mon domestique à moi, notre domestique à nous tous; il est de toutes les maisons, il entre et il sort à volonté; on l'appelle pour scier le bois en hiver, pour monter les fleurs en été, pour porter une lettre en tout temps; c'est lui qui conduit monsieur à la diligence, qui va au-devant de madame à son retour; on sait de quel pays il est, quel est son âge et celui de sa mère; il est l'ami de la cuisinière, et l'ennemi du portier: du reste indépendant comme un domestique qui a plusieurs maîtres; intelligent et actif comme un cultivateur qui espère; faisant beaucoup en agissant peu, parcourant beaucoup de chemin en allant au pas; ne disant jamais rien de trop; discret, sobre, toujours prêt à se mettre en route, toujours prêt à obliger. Une rue de Paris ne serait pas complète si elle n'avait pas son commissionnaire à elle, à côté de l'épicier ou du marchand de vin.

B. 1. Comment le commissionnaire du quartier est-il fait le plus souvent? 2. Que sent-on à le voir? 3. Que possède-t-il pour les mauvais jours? 4. De qui est-il le domestique? 5. Où entre-t-il à volonté? 6. Que fait il en hiver? 7. Où conduit-il monsieur? 8. Au-devant de qui va-t-il à son retour? 9. A quel domestique ressemble-t-il? 10. Comment marche-t-il? 11. A quoi est-il toujours prêt? 12. Quelles personnes trouve-t-on encore dans chaque rue de Paris?

C. Schreibe über: Les commissionnaires de Paris.

42.

Querelle.

A. Ce matin je me suis querellé avec Coretti, mais j'avais tort. Le maître l'avait placé à côté de moi. Je copiais un récit, quand Coretti me poussa du coude et me fit faire un gros pâté sur mon cahier. Je me fâchai et lui dis une parole injurieuse. Il me répondit en souriant:

— Mais je ne l'ai pas fait exprès!

J'aurais dû le croire et m'en tenir là. Mais son sourire me déplut. Pour me venger, je lui poussai le bras si fort, que sa page de calligraphie en fut toute gâtée. Alors lui, rouge de colère:

— Toi, tu l'as fait exprès, méchant! tu me le paieras dehors!

Je ne répondis rien, mais je fus mal à mon aise pendant le reste de ma leçon. Je me repentais. Non, Coretti n'avait pas fait exprès de me pousser le bras; je le sentais bien. Je me souvins en ce moment de la visite que je lui avais faite, comme il avait été bon avec sa mère et avec quel plaisir mes parents l'avaient accueilli chez nous. Que n'aurais-je pas donné pour pouvoir retirer ce mot offensant! Je pensais au conseil que m'aurait donné mon père: „As-tu tort? — Oui. — Eh bien! demande-lui pardon." Mais je n'osais pas, une sorte de honte me retenait.

Je jetais de temps en temps un regard de son côté. Je me disais: „Allons, du courage!" Mais je ne pouvais parler. Lui aussi me regardait; il paraissait plus attristé qu'irrité. Il me répéta:

— Nous nous reverrons dehors!

Et moi, après lui:

— Oui, nous nous reverrons dehors!

Mais je songeais malgré moi à ce que mon père m'avait dit une fois: „Si tu as tort, défends-toi, mais ne frappe jamais!" Et, en moi-même: „C'est cela, je me défendrai, mais je ne frapperai pas." Ce qui ne m'empêchait pas d'être triste et mécontent.

Je n'entendais plus la leçon. Enfin, nous sortîmes. Je vis qu'il me suivait et je m'arrêtai, ma règle à la main. Il s'approcha, je levai la règle, prêt à me défendre . . . ou à frapper.

— Non, Henri, dit-il en repoussant ma main, soyons amis comme avant!

Je restai un moment interloqué, puis je m'élançai vers lui et nous nous embrassâmes.

— Plus de disputes entre nous, n'est-ce pas?

— Non, plus jamais!

Nous nous séparâmes contents. Arrivé à la maison, je racontai tout à mon père, croyant lui faire plaisir, mais il fronça le sourcil et me dit:

— Tu avais tort, c'était donc à toi à faire le premier pas. Tu as manqué de courage. Qu'il ne t'arrive plus jamais de lever la main sur un camarade meilleur que toi, et fils d'un soldat!

Puis il m'arracha la règle des mains et la brisa en deux morceaux.

B. 1. Avec qui Henri s'est-il querellé? 2. Quelle place occupait Coretti? 3. Que fit-il faire à son voisin? 4. Comment s'excusa-t-il en souriant? 5. De quelle manière Henri se vengea-t-il? 6. Que lui dit Coretti, rouge de colère? 7. Pourquoi Henri était-il mal à son aise? 8. De quoi se souvint-il? 9. Qu'aurait-il voulu retirer? 10. Quel conseil son père lui aurait-il donné? 11. Pourquoi n'osait-il pas demander pardon à son voisin? 12. De quel côté regardait-il de temps à autre? 13. Qu'est-ce que les deux garçons se répétèrent l'un à l'autre? 14. A quoi Henri pensait-il malgré lui? 15. Quelle résolution prit-il donc? 16. Que fit Henri en sortant de l'école? 17. A quoi était-il prêt? 18. Que lui dit alors son ami? 19. Que firent les deux garçons? 20. A qui Henri raconta-t-il ce qui était arrivé? 21. Comment son père en jugea-t-il? 22. De quoi Henri avait-il manqué? 23. Comment fut-il puni?

C. Laß Coretti den Streit erzählen.

43.

Il faut s'entr'aider.

A. Nous sommes tous ici-bas serviteurs les uns des autres. L'homme, livré à ses propres ressources,

est une créature si faible qu'il ne lui convient pas
de dire: Je n'aurais jamais besoin des services
d'autrui. Dieu est notre père à tous, et nous devons
nous entr'aider et nous aimer comme des frères.
Si nous voyons notre semblable dans la peine ou
dans le besoin, donnons-lui donc assistance; ou bien
nous ne mériterons pas qu'on nous assiste à notre
tour, quand nous serons dans l'embarras. C'est un
grand bonheur sans doute de trouver qui nous
oblige; mais c'en est un bien plus grand de pouvoir
obliger autrui: car la reconnaissance est douce pour
celui qui la sent, mais mille fois plus douce encore
pour celui qui en est l'objet. Quand on a connu
ce bonheur, on en voudrait jouir sans cesse, tant
il donne de calme à l'âme et de bien-être au cœur.
Aussi peut-on dire que les bonnes actions sont
fécondes, et qu'une première en produit toujours
une seconde ou plusieurs autres. Ne laissons donc
pas échapper les occasions de faire du bien, et
surtout ne demandons pas si celui qui a besoin de
notre aide pense, agit et croit comme nous: l'homme
qui souffre est notre frère, et n'est plus que cela
à nos yeux. Faisons pour lui ce que nous pouvons,
et ne nous en excusons point sur notre propre
pauvreté, car ce n'est pas avec de l'or qu'on fait
toujours le plus de bien. Dieu n'aurait pas commandé la charité à tous les hommes, s'il n'avait
pris soin de la mettre à la portée de tous. Celui
qui procure du travail donne souvent mieux que
de l'argent; et souvent un bon conseil profite bien
plus qu'un écu. Ce qui peut profiter encore mieux
qu'un bon conseil, c'est un bon exemple; et, après

l'honneur de le donner, je ne sais rien de plus
honorable que le courage de le suivre. La pitié,
la compassion, les consolations, les soins, peuvent
aussi, faute de mieux, être les bienfaits du pauvre,
et ces bienfaits portent fruit; car une parole d'intérêt ranime quelquefois autant que ferait une potion cordiale. Rappelons-nous bien toutes ces choses; et
comme, d'un moment à l'autre, nous pouvons avoir
besoin de l'assistance de nos semblables, n'oublions
pas qu'il n'est rien de pénible et d'embarrassant
comme de demander un service à l'homme qu'on a
pu offenser. Ainsi donc efforçons-nous de mesurer
discours et actions afin de ne blesser personne; si
nous avons eu ce malheur, ne craignons pas de
nous abaisser en avouant franchement un tort; et
si l'on nous a offensés, songeons que l'oubli des
injures est un devoir de la charité. Enfin, ami,
croyez-moi, quand vous aurez lieu de penser que
quelqu'un vous en veut ou se croit coupable envers
vous, allez vous-même au-devant de lui pour vous
réconcilier dès le soir, afin de passer une bonne
nuit; car le ressentiment agite et fait faire de
mauvais rêves.

B. 1. Qu'est-ce qu'il ne convient pas à l'homme de dire?
2. Que faut-il faire quand notre semblable est dans l'embarras? 3. Pour qui la reconnaissance est-elle douce?
4. Que donne-t-elle à l'âme? 5. Dans quel sens peut-on
dire que les bonnes actions sont fécondes? 6. Quelles
occasions ne faut-il pas laisser échapper? 7. Qui est notre
frère? 8. Pourquoi n'osons-nous pas nous excuser sur notre
propre pauvreté? 9. Dieu a-t-il mis la charité à la portée
de tout le monde? 10. Qu'est-ce qui profite encore mieux

qu'un bon conseil? 11. Quels sont les bienfaits du pauvre?
12. A qui est-on embarrassé de demander un service?
13. Pourquoi faut-il mesurer nos discours et nos actions?
14. Que ferons-nous si nous avons offensé quelqu'un?
15. Que ferons-nous si nous avons été offensés nous-mêmes?
16. Quelle influence le ressentiment exerce-t-il?

44.
Amusettes.

Quoi?
- Coi! Coi!
Les corbeaux sont au bois.

Moi,
Toi
Et le Roi
Nous faisons Trois.

Poisson sans boisson est poison.

—

Didon dîna, dit-on, du dos d'un dodu dindon.

Le roi d'Angleterre a déclaré la guerre, sur terre
et sur mer, au roi d'Aragon.

Ton thé t'a-t-il ôté ta toux?

—

Combien ces six saucissons-ci? — Six sous ces six
saucissons-ci.

Ciel! Si ceci se sait, ses soins sont sans succès.

Voici six chasseurs sachant chasser.

Chat vit rôt,
Rôt tenta chat,
Chat mit patte à rôt,
Rôt brûla patte à chat.

45.

Devinettes.

1. Qui me nomme me rompt.

2. Dis-moi de grâce qui est la chose
Qui nuit et jour ne se repose.

3. Je l'ai vu vivre, je l'ai vu mort;
Je l'ai vu courir après sa mort.

4. Je viens sans qu'on y pense,
Je meurs en ma naissance,
Et celui qui me suit
Ne vient jamais sans bruit.

5. Je suis ce que je suis
Et je ne suis pas ce que je suis.
Car si j'étais ce que je suis,
Je ne serais pas ce que je suis.

.. Le silence. 2. La riviere. 3. La feuille de l'arbre. 4. L'éclair 5. Un domestique
qui suit son maître.)

II.

Deutsche Übungsstücke.

1.

Die Schweiz.

Die Schweiz ist die Heimat der Schweizer. Die Bewohner der Schweiz sprechen deutsch, französisch oder italienisch. Die Schweiz ist ein Freistaat. 22 Kantone (le canton) bilden diesen Freistaat. Bern (Berne) ist die Hauptstadt der Schweiz; sie liegt an der Aar (l'Aar, m.). Die Schweiz ist begrenzt: im Norden von Deutschland, im Osten von Österreich, im Süden von Italien, im Westen von Frankreich. Die Schweizer sind also die Nachbarn der Deutschen, der Österreicher, der Italiener und der Franzosen. Die Alpen trennen die Schweiz von Italien. — Die Schweiz ist ein schönes Land. Man findet dort viele Berge und mehrere Seen. Der Mont-Blanc ist der größte Berg der Alpen. Neuenburg liegt am Ufer des Neuenburger Sees. Diese Stadt hat ein schönes Museum. Die Stadt Basel liegt am Rhein; sie hat zwei Bahnhöfe. Der Rhein ist ein sehr schöner Fluß; es ist ein deutscher Fluß. Alle Jahre kommen viele Reisende in der Schweiz an. Im Sommer trifft man dort viele Deutsche, auch Russen, Franzosen, Italiener und Dänen.

2.

Die Gallier.

Vor zweitausend Jahren war Frankreich von den Galliern bewohnt. Ihr Land trug den Namen Gallien; es war von dem

Rheine begrenzt. Das jetzige Frankreich ist also kleiner als Gallien, welches auch die Schweiz und Belgien umschloß. Die Römer nannten Gallien auch den Norden Italiens. Die Einwohner Galliens hatten einen hohen Wuchs und eine weiße Hautfarbe; ihre Augen waren blau, ihre Haare blond. Sie liebten den Krieg und die Neuigkeiten. Sie machten mehrere entfernte Züge, selbst bis nach Rom (Rome). Wenn (quand) Reisende durch ihr Land kamen (passer), hielten die Gallier sie an und zwangen sie, ihnen etwas Neues zu erzählen. Ihre Priester, welche man Druiden nannte, waren sehr mächtig. — Die Franzosen lieben noch heute den Krieg. Unter Napoleon (Napoléon) dem Dritten haben sie mit den Italienern Krieg gegen die Österreicher geführt. Vor 24 Jahren haben sie gegen die Deutschen Krieg geführt.

3.

Vercingetorix.

In der letzten Geschichtsstunde erzählte uns unser Lehrer etwas aus dem Leben des Vercingetorix. Dieser Gallier war ein tapferer Krieger und spielte eine ruhmvolle Rolle in der Geschichte seines Vaterlandes. Sein Gegner war der römische Feldherr Caesar, welcher acht Jahre gebrauchte, um Gallien zu unterjochen. An der Spitze eines gallischen Heeres griff Vercingetorix die Römer an und trug den Sieg davon. Aber in einer anderen Schlacht unterlag er den Legionen Caesars und zog sich mit seinen Kriegern nach Alesia zurück. Alsbald belagerte Caesar diese Stadt. Mehr als 200 000 Gallier griffen die Römer an, um ihre Brüder zu befreien; aber Caesar trug von neuem einen entscheidenden Sieg davon und zwang die Stadt Alesia, sich zu ergeben. Vercingetorix bemühte sich, seine Waffengefährten zu retten; er überlieferte sich selbst dem Sieger. Man führte ihn (amener) nach Rom, wo Caesar die Ehre eines Triumphes erhielt (avoir). In einem dunklen Gefängnis tötete man den edlen Gallier, den man den ersten Franzosen genannt hat.

4.

Die Schutzengel.

Die Engel des lieben Gottes bewahren die kleinen Kinder. Sie wachen über euch Tag und Nacht, denn Gott hat es gesagt. Wenn (quand) ihr schlummert, neigen sich eure Schutzengel über eure kleinen Betten. Wenn ihr erwacht, tragen sie Sorge für euch. Sie gehen unaufhörlich an eurer Seite, sie haben Mitleid mit eurer Schwäche und sprechen [zu] euch längs des Weges. Wenn sie euch die Hand geben, fallt ihr nicht unterwegs. Gott hat diese guten Engel gesendet. Höret also, meine lieben Kinder, [auf] seine Stimme, seid artig und vergeßt nicht, jeden Abend und jeden Morgen euer Gebet zu sprechen (faire)!

5.

Ferienreisen.

Wo wirst du deine Ferien zubringen, lieber Adolf? — Ich werde etwa 14 Tage am Ufer der Ostsee zubringen. Mit wem wirst du dort sein? — Ich werde mit meiner ganzen Familie reisen. — Wo wirst du sie treffen? — Meine Mutter wird Sonnabend ankommen, um mich nach Berlin zu begleiten. Dort werden wir meinen Vater und meinen Bruder Julius finden: ich werde entzückt sein, sie wiederzusehen. — In welchem Gasthofe werdet ihr wohnen? — In einem Gasthofe der Friedrichstraße. — Werdet ihr lange in Berlin bleiben? — Wir werden dort nur Sonntag zubringen. Wir werden den Dom besuchen, vielleicht auch das neue Museum oder den Palast unseres ersten Kaisers. — Ihr werdet also Montag eure Reise fortsetzen? — Ja, lieber Georg; wir werden an demselben Abend am Ufer des Meeres ankommen. Bald werde ich an dich (dir) einen langen Brief richten, und ich werde dir alles, was (tout ce qui) uns unterwegs begegnet ist, erzählen. Ich denke, daß du mir auch Nachrichten von dir geben wirst und daß diese Nachrichten gut sein werden. Du wirst die Ferien auf dem Lande zubringen, nicht wahr? — Ja, lieber Freund; ich werde sie bei meinem Onkel zubringen. Meine Vettern und meine

Basen werden volle Freiheit haben, mit mir zu spielen. Sie werden mich überallhin begleiten: in das Dorf, in die Gärten, die Felder und die Wälder. In jedem Falle werde ich viel Vergnügen haben, wenn es schönes Wetter ist. Ich werde nicht verfehlen, dir alles zu erzählen. — Sehr wohl, lieber Freund, ich werde sehr zufrieden damit sein. Auf Wiedersehn! — Lebe wohl, lieber Adolf!

6.
Seid freigebig.

Viele Menschen wünschen, reich [zu] sein. Sie denken, daß sie nicht knauserig sein würden, wenn sie reich wären, sondern daß sie ohne Zweifel sich freigebig zeigen würden gegen die Bettler und die Unglücklichen. Man würde das großmütige Herz dieser Leute loben, wenn es nötig wäre, reich zu (de) sein, um den andern Gutes zu thun. Warum sollte (Cond.) man nicht den Armen einige Sous geben, wenn man nicht große Summen zu verteilen hat? Wenn die Leute nach ihren Mitteln gäben, so würden sie beweisen, daß, wenn sie eine volle Börse (die B. voll) hätten, sie dieselbe (en) großmütig zum Wohle ihrer Nächsten gebrauchen würden. Laßt uns also Mitleid haben mit (de) den Unglücklichen und die Bitte der Armen nicht zurückweisen! Denn es ist gesagt: Du sollst lieben (Fut.) den Herrn deinen Gott von ganzem (deinem ganzen) Herzen und deinen Nächsten wie dich selbst!

7.
Geburtstag.

Gestern ist der Geburtstag meines Bruders Paul gewesen. Er hat sein fünftes Jahr beendigt. Am Morgen haben ihm unsere Eltern viele notwendige Gegenstände und mehrere Spiel=sachen gegeben, unter andern eine Arche Noahs. Paul ist fast närrisch vor (de) Vergnügen gewesen, als er diese neuen Spiel=sachen bekommen hat. Er hat alsbald die Tiere und die Vögel aus der Schachtel herausgenommen (retirer); er hat die Löwen, die Bären, die Kamele, die Pferde, die Rinder, die Schweine, die Enten, die Raben und die Sperlinge auf den Tisch gestellt (poser). Ich hatte ihm zwei Reifen auf dem letzten Jahrmarkte gekauft. — Für das Mittagessen hatte Paul eine Reissuppe, einen Kalbsbraten mit Kartoffeln und Eingemachtem und zum Nachtisch Zuckerwerk bestellt. Mein Vater hat uns auch ein Glas Weißwein gegeben; ich habe die Gesundheit unseres lieben Bruders ausgebracht. Am Nachmittage sind mehrere seiner kleinen Freunde angekommen. Sie haben ihm ihre besten Wünsche dargebracht (présenter). Die einen haben ihm Blumensträuße gebracht, die andern kleine Geschenke. Alle sind zum Kaffee geblieben. Sie haben eine Menge Zwiebäcke und einige Stücke Kuchen bekommen. Darauf sind wir sehr lustig gewesen in unserem Garten und haben alle (à) Arten von Spielen im Schatten der Bäume gespielt. Man hat Preise an diejenigen verteilt, welche gewonnen hatten. Am Ende haben wir auch versucht, unter dem Laube zu tanzen. — Beim Abendessen haben wir kaltes Fleisch oder holländischen Käse zu (mit) unserm Butterbrote (Plur.) gehabt. Als die kleinen Freunde unser Haus verlassen hatten, hat Paul alle seine Geschenke fortgetragen in seinen Schrank, entzückt darüber, daß (de ce que) man seinen Geburtstag so schön (bien) gefeiert hatte.

8.
Paris.

Es giebt in Paris prächtige Häuser, (de) sechs bis sieben Stockwerke hoch, schöne Kirchen, herrliche Paläste, große Gasthöfe, ausgezeichnete Museen, Läden, mit Reichtümern aller Art angefüllt, und zahlreiche Plätze. Paris ist der Mittelpunkt für den Handel Frankreichs. Dort versammeln sich die Kaufleute aus den meisten Ländern Europas. Neben sehr vielen französischen Kaufleuten trifft man Deutsche, Schweizer, Italiener, Spanier und Russen. Man hat in Paris mehrere große Läden für (de) Neuheiten eingerichtet, wo eine Menge Artikel in den verschiedenen Sälen ausgestellt sind. Man findet dort Möbel, Betten, Teppiche, Stubenuhren, Lampen, Umschlagetücher, Hüte,

Schuhwerk, Juwelen. Man stellt die meisten dieser Artikel in Paris selbst her, denn Paris ist der Herd einer sehr thätigen Industrie. Der Handel und die Industrie werden begünstigt durch eine große Zahl von Kanälen und Eisenbahnen, welche ganz Frankreich durchziehen und Verbindungen aller großen Städte mit der Hauptstadt herstellen (établir).

9.
Von Paris nach Berlin.

In seinem Buche „Von Paris nach Berlin" erzählt ein Franzose, wie er seine Ferien in Deutschland zugebracht hat. Er hat diese Reise im Monat April 1886 gemacht. Er ist durch Köln gekommen, wo er den großen Bahnhof bewundert hat. Man rechnet, daß 280 Züge binnen (dans les) 24 Stunden in diesen Bahnhof einlaufen oder ihn verlassen. Hören wir, was (ce que) dieser Franzose von der Hauptstadt Deutschlands sagt, wo er seit 15 Jahren nicht gewesen war.

Im Jahre 1861 zählte Berlin ein wenig mehr als 500 000 Einwohner; nach dem Kriege von 1870 bis 1871 826 341. Im Monat Dezember 1885 zählte man 1 325 000 Einwohner. Sie waren untergebracht (loger) in 27 751 Häusern, welche zusammen 590 000 Zimmer enthielten. Die kleinen niedrigen Häuser, welche man ehemals im Mittelpunkte der Stadt bemerkte, haben wahren Palästen Platz gemacht. Die Zahl der Schulen beträgt 300 ungefähr; dort vereinigt sich eine kleine Welt von 170 000 Schülern. Es giebt in Berlin 53 Kirchen, 18 Museen, 90 Gasthöfe, 10 Bahnhöfe. Man ist sehr gut [aufgehoben] in den Gasthöfen der Hauptstadt. Der „Kaiserhof" zählt mehr als 300 Zimmer; die große Thür, welche nach dem Zietheuplatz hinausgeht, wird niemals geschlossen, weder des Tags noch des Nachts. Im Jahre 1875 bekam Berlin das erste große Kaffeehaus; eine große Anzahl Zeitungen, nicht (non) bloß in (de) deutscher Sprache, sondern in jeder Sprache und aus allen Ländern, überfüllten die Tische desselben (en). Im Jahre 1870 gab es in Berlin 37 Postämter, im Jahre 1880 gab es deren 97. Im Jahre 1870 gab es

196 Briefkasten (b. aux l.); in 10 Jahren ist diese Ziffer auf (à) 477 gestiegen. Die Zahl der Briefe, welche in der Haupt=stadt ankommen, beträgt 40 000 täglich.

10.

Die Schlachten bei Gravelotte und bei Sedan.

I.

Die Schlacht bei Gravelotte wurde am 18. August 1870 geliefert. Die deutschen Truppen wurden von dem Könige Wilhelm befehligt, das französische Heer von dem Marschall Bazaine. Die Franzosen hatten Anhöhen inne, die von Süden nach Norden über Rozérieulles, Amanvillers und St.=Privat gingen (Part.); sie drehten der Mosel (la Moselle) den Rücken. Verteidigungsarbeiten waren von ihnen in den Dörfern gemacht worden. Die Schlacht wurde gegen Mittag durch den Angriff des neunten deutschen Corps auf das französische Centrum begonnen. Das Dorf Vernoville wurde genommen, aber die Deutschen wurden bei Amanvillers durch das wohl genährte Feuer der feindlichen Artillerie aufgehalten. Um 5 Uhr abends wird St.=Privat von der preußischen Garde angegriffen. Sie hat große Verluste und wird gezwungen, sich zurückzuziehen; 8000 Mann Tote und Verwundete bleiben auf dem Schlachtfelde. Endlich kommen frische Truppen; es ist das zwölfte Corps, es sind die Sachsen (le Saxon). Nach ihrer Ankunft wird ein neuer Angriff gemacht, die Häuser von St.=Privat werden genommen, die Franzosen werden zurückgeworfen, und der Sieg wird von den Deutschen davongetragen.

Bei Gravelotte, wo der General von Steinmetz das achte preußische Corps befehligte, war die Ankunft der Pommern (le Poméranien) entscheidend. Die Anhöhen von Rozérieulles wurden erstürmt (forcer). Moltke sagte zum Könige: „Majestät, die Pommern haben die Anhöhen genommen; der Sieg gehört uns." Das französische Heer wurde von seinen Verbindungen mit Paris abgeschnitten und nach Metz zurückgeworfen. Das Schlachtfeld war mit Toten und Verwundeten bedeckt. Der

Verlust der Deutschen belief sich auf 16 000 Mann: derjenige der Franzosen war nicht geringer. Eine Postkarte des Königs Wilhelm trug die Nachricht von diesem Siege nach Berlin.

II.

Nach den entscheidenden Schlachten, welche am 14., am 16. und am 18. August gewonnen worden waren, wurden die deutschen Truppen in vier Heere geteilt, von denen das erste (2., 3., 9. und 10. Corps) und das zweite beauftragt wurden, die Festung Metz einzuschließen, während das dritte (Heer des Kronprinzen von Preußen) und das vierte (preußische Garde, 4. und 12. Corps), befehligt von dem Kronprinzen von Sachsen, gegen das Heer Mac=Mahons vorrückten. Am 22. August war die Infanterie dieser beiden Heere 188 123 Mann stark, die Reiterei zählte 35 814 Pferde, die Artillerie 813 Kanonen.

Am 1. September 1870 waren die Anhöhen hinter der kleinen Festung Sedan von 130 000 Franzosen besetzt. Der Chef des preußischen Generalstabes, General von Moltke, dachte dieses Heer [zu] umzingeln und es zur Übergabe [zu] zwingen. Die Befehle, welche er gab, wurden so gut und mit soviel Mut von den deutschen Truppen ausgeführt, daß diese große Aufgabe erfüllt wurde.

Gegen 4 Uhr morgens begann der Angriff. Um 12 Uhr waren die Höhen von Givonne hinter Sedan von der preußischen Garde und Reiterei weggenommen. Sie reichten (gaben) dem Kronprinzen von Preußen die Hand, welcher die Franzosen in die Wälder zurückgeworfen hatte. Zur selben Zeit war das Dorf Bazeilles, wo sich die besten Soldaten Mac=Mahons befanden, von den Baiern (le Bavarois) nach großen An= strengungen und mit sehr vielen Verlusten weggenommen worden.

Das französische Heer war umzingelt. Es blieb ihm nur noch der Rückzug nach der kleinen Festung übrig. Mengen von französischen Soldaten überfüllten alle Straßen und alle Häuser von Sedan. Der Kaiser Napoleon, welcher sich inmitten seiner Truppen befand, richtete einen Brief an den König von Preußen; er wurde [zum] Gefangenen gemacht und nach Deutschland fort=

geführt. Am folgenden Tage, dem 2. September, wurde ein Vertrag von beiden Seiten unterzeichnet, dessen erster Artikel ungefähr lautete: „Das französische Heer unter den Befehlen des Generals von Wimpffen, welches sich gegenwärtig von zahl= reicheren Truppen um Sedan umzingelt **findet** (sich findend), ist kriegsgefangen, ausgenommen die Generale und die Offiziere, welche ihr Wort (la parole) geben, bis zum Ende des gegen= wärtigen Krieges nicht die Waffen gegen Deutschland zu tragen und in keiner Weise gegen seine Interessen (intérêt *m.*) zu handeln." 85 000 Gefangene fielen in die Hände der Sieger.

11.
Der Kolibri.

Die Kolibris sind die hübschesten von allen Vögeln durch ihre Gestalt und durch ihre Farben: es sind wahre Kleinodien. Die Natur hat ihnen einen reichen Schmuck gegeben. Sie nähren sich von Blumen und von Tau. Munter fliegen sie von Blume zu Blume; sie bleiben nur einen Augenblick auf jeder von ihnen. In den heißesten (chaud) Ländern der neuen Welt finden sich alle Arten von Kolibris; sie sind ziemlich zahl= reich. Diejenigen, welche im Sommer in ein gemäßigtes Klima vorrücken, nehmen (machen) dort nur einen kurzen Aufenthalt.

Der Kolibri baut sein zerbrechliches Nestchen aus Moos und feinen Lianen und befestigt es an dem Zweige eines Pome= ranzenbaumes. Dieses zierliche Nest hat die Form einer Nuß= schale, aber es ist um (de) die Hälfte leichter. Dort ruht sich das hübsche Vögelchen am Abend aus. Wie wenig braucht es doch, um sich eine Wohnung einzurichten und das Leben zu genießen!

Der Kolibri läßt uns [daran] denken, daß der kleinste der Güte der Vorsehung nicht fern steht. Wir werden also sicher sein, daß der liebe Gott, der für die kleinsten Tiere Sorge trägt, auch für uns Sorge tragen wird. Laßt uns also die Vögel ansehen, welche Gott ernährt, und nicht fragen: Was werden wir essen? womit werden wir bekleidet sein?

12.

Ein Sturm.

Seit acht Tagen war das Schiff unterwegs; es fuhr die Küsten entlang, sanft von dem Meere geschaukelt. Schon näherte es sich (s'avancer vers) dem Ziele seiner Reise, als plötzlich, am neunten Tage der Fahrt, das Wetter [sich] änderte. Die Sonne verschwand, so daß der Kapitain [daran] dachte, das Ufer zu erreichen. Aber der Sturm kam dem Fahrzeuge zuvor und nötigte es, wieder das hohe Meer zu gewinnen.

Das Schiff wird von ungeheuren Wellen in die Höhe gehoben. Wird der Mast den Anstrengungen des Windes weichen? Der Kapitän ruft den Matrosen, das große Segel einzuziehen. Sie zögern einen Augenblick, aber der Befehl wird wiederholt, sie gehorchen. Mit den wenigen Segeln, welche bleiben, wird der Gang des Fahrzeuges geregelt. Der Kapitän mäßigt seine Ungeduld, indem er mit großen Schritten auf dem Deck auf- und abgeht. Der Schrecken herrscht in den Herzen der Reisenden, aber sie hoffen, daß der Allmächtige (tout-p.) sie beschützen wird. Plötzlich wird die Seite des Schiffes von einer Welle, [die] höher als die andern [ist], gestoßen; ein Krachen kündigt an, daß das Fahrzeug auf eine Sandbank gerät.

Da verdoppelt [sich] der Sturm, der Donner rollt, die Blitze funkeln, Massen von Wasser und Sand werden auf das Deck geworfen. Der Kiel sinkt immer tiefer ein. Die Matrosen rufen sich einander, die Masten wanken, die Reisenden lassen verzweifelte Rufe hören, denn sie behalten wenig Hoffnung, gerettet zu werden, und denken in jedem Augenblicke, ihrer letzten Stunde nahe zu sein.

Die einen beten knieend, die andern flehen den Kapitän an, sie nicht untergehen zu lassen. Dieser würde gern ihre Sicherheit mit seinem Blute bezahlen, aber er ist ohnmächtig vor der Gewalt des Sturmes. Welches Mittel soll (muß) man versuchen? Der Kapitän genehmigt den Vorschlag eines alten Matrosen, der ihm etwas ins Ohr gesagt hat. Das Schiff entfaltet in einem Augenblick alle Segel, welche ihm geblieben sind: es handelt sich [darum], durchzukommen oder zu ertrinken.

Getrieben von dem Winde und den Wellen zu gleicher Zeit, gleitet das Schiff über die Sandbank und fährt über sie hinweg. Einen Augenblick nachher schwimmt es in Wassern, [die zwar] noch rasend [sind], die es aber nicht zerschellen werden.

13.

Wie heißt du, mein Junge? — Ich heiße Hans, mein Herr. — Welches ist dein Familienname? — Ich heiße Freund. — Wie alt bist du? — Ich bin zwölf Jahre alt. — Welches ist dein Geburtstag? — Mein Geburtstag ist der 10. August. — Aus welcher Stadt bist du? — Ich bin aus Frankfurt. — Sind deine Eltern noch am (en) Leben? — Ja, mein Herr. — Welches ist der Stand deines Vaters? — Mein Vater ist Kaufmann. — Hast du Geschwister? — Ja, mein Herr, ich habe zwei Brüder und eine Schwester. — Wie heißen deine Brüder? — Sie heißen Friedrich und Karl. — Und wie heißt deine Schwester? — Sie heißt Margarete. — In welcher Klasse bist du? — Ich bin in der dritten Klasse. — Seit wann hast du französische Stunden? — Seit einem Jahre und drei Monaten. — Gefällt dir die französische Sprache? — Sie gefällt mir sehr, mein Herr.

14.

Mein kleiner Bruder Richard steht gewöhnlich sehr spät auf. Wenn er erwacht ist, bleibt er gern noch im Bett. Er sagt immer, daß er am Morgen sehr müde ist, oder daß er mehrmals während der Nacht aufgewacht ist, oder daß er sich nicht wohl befindet. Indessen hat er sich immer wohl befunden. Seine Geschwister haben sich oft schon über ihn aufgehalten; sie dachten sich, daß er sich seiner Handlungsweise (Weise zu handeln) schämen würde, aber leider haben sie sich getäuscht. Zur Stunde des Frühstücks beeilt sich Richard endlich, sein Bett zu verlassen und sich anzuziehen. Denkt euch, daß er eines Tages sich nicht gekämmt hatte, als er [zum] Frühstück kam. Unser Vater, der viel Geduld mit ihm hat, befahl ihm, in sein Schlafzimmer zurückzukehren und seine Toilette zu beendigen. Ein andermal hatte sich Richard die Hände vor dem Mittagsessen nicht gewaschen.

Man zwang ihn, von Tisch aufzustehen, und um ihn zu bestrafen
(punir), gab man ihm kein Eingemachtes.

Während wir unsere Ferien auf dem Lande zubrachten, ist
Richard jedoch zur rechten Zeit aufgestanden, weil er [es] liebte,
seine Brüder zu begleiten. Fast alle Tage haben wir uns im
Flusse gebadet, dann sind wir im Walde spazieren gegangen.
Wenn wir uns genug [damit] unterhalten hatten, die schöne
Natur zu (à) genießen und Blumen zu suchen, kehrten wir nach
Hause zurück (rentrer) und ruhten uns aus, indem wir Bücher
besahen. Nach dem Mittagsessen fuhren meine Eltern oft
spazieren (se promener en voiture); sie machten unsern Nach=
barn Besuche. Die Kinder gingen gewöhnlich um $8^1/_2$ Uhr zu
Bett, denn auf dem Lande geht man früh (de bonne heure)
zu Bett.

15.
Jupiter und das Pferd.

Eines Tages nähert sich das Pferd dem Throne Jupiters
und sagt [zu] ihm: „Vater der Tiere und Menschen, niemand
wagt zu bestreiten, daß ich das schönste unter allen Geschöpfen
bin; aber denkst du nicht, daß es noch sehr viele Dinge an mir
zu verbessern giebt?" Voll (von) Güte, fragt der Gott, was es
will, daß man an (en) ihm verbessere. Da bittet das Pferd [in=
ständig], daß Jupiter ihm feinere und höhere Beine gebe, damit
es schneller sei, eine breitere Brust, einen längeren Hals und
einen natürlichen Sattel, da es ja bestimmt sei, den Menschen
zu tragen.

Diese Bitte wird genehmigt. Ein schöpferisches Wort wird
ausgesprochen, und plötzlich erscheint das häßliche Kamel vor
dem himmlischen Throne. Bei diesem Anblick wird das Pferd
von Abscheu und Ekel erfüllt. „Da ist alles, was du gewünscht
hast", sagt der Gott; „ist es nötig, daß du in (de) dieser
Weise umgebildet werdest?" Das Pferd zittert, ohne ein Wort
auszusprechen. Jupiter will, daß es belehrt werde, ohne be=
straft zu werden. Damit das Pferd die Erinnerung an seine
Vermessenheit behalte, befiehlt er, daß das Kamel fortfahre zu
bestehen und daß bei seinem Anblick das Pferd immer schaudere

16.
Der verlorene Sohn.

Letztes Jahr reisten wir nach Spanien. Während unseres Aufenthaltes in Madrid gingen wir viel in den Straßen dieser Stadt spazieren und trafen mehr als einmal einen Bettler, immer an demselben Platze. Seine Miene flößte uns ein lebhaftes Interesse ein: es war unmöglich, daß er sein ganzes Leben gewesen war, was er damals war. Eines Tages richteten wir das Wort an ihn. Darauf erzählte er uns freimütig seine Geschichte, ohne daß wir ihm eine unbescheidene Frage gestellt hatten.

Er war aus einer der edelsten Familien Spaniens. Seine Eltern galten für sehr reich. Bis in sein 22. Jahr war er als der glücklichste Sterbliche angesehen worden, obgleich er von jedermann verwöhnt worden war. Das Unglück war, daß seine Mutter, welche die Vorsehung des Hauses gewesen war, durch ein heftiges Fieber hinweggenommen wurde. Obgleich er diesen Verlust sehr bedauerte, begann er thörichte Gedanken von Unabhängigkeit zu nähren; er bat seinen Vater um sein Erbteil und verließ das Haus.

Einmal frei mit 100 000 Thalern in den Händen, war es natürlich, daß er viele Freunde fand, welche ihm den Hof machten. Sie bewunderten seinen Geist und fanden alles gut, was er machte. Bald war der junge Mann sehr gesucht und gab in der vornehmen Welt den Ton an. Drei bis vier Jahre hindurch ging alles seinen Wünschen gemäß: aber von dem Augenblick an, wo seine Taschen leer waren, wurde er von seinen Freunden verlassen. Schlechterdings allein geblieben, bedauerte er nicht nur sein verlorenes Vermögen, sondern auch seine ganze häßliche Handlungsweise.

Die Geschichte des verlorenen Sohnes erschien [vor] seinem Geiste. Er hatte keine Ruhe, bis daß (jusqu'à ce que) er sein Beispiel nachgeahmt hatte und zu seinem Vater gegangen war. Unglücklicherweise war es zu spät. Als er nach Madrid zurückkehrte, war sein Vater nicht mehr am Leben. Die Nachricht von den Ausschweifungen seines Sohnes hatte ihn mit Schmerz und Kummer erfüllt und seinen Tod herbeigeführt.

6*

17.

Die Glieder und der Magen.

Die Glieder des menschlichen Körpers hatten keine Lust mehr, für den Magen zu arbeiten. Sie waren unwillig [darüber], daß er allein müßig bliebe, daß er sich [darauf] beschränkte, aus allen ihren Sorgen Nutzen zu ziehen, und daß er ihnen nicht die geringste Erkenntlichkeit bezeugte. Die Glieder bildeten daher eine allgemeine Verschwörung gegen den Magen. Der Mund weigerte sich, die Nahrungsmittel zu kauen, damit sie darauf in den Magen übergingen. Die Arme hörten auf, die Nahrungsmittel nach dem Munde zu führen (tragen). Die Beine gaben sich nicht mehr soviel Mühe, den ganzen Tag munter zu sein, und ruhten sich aus. Auf diese Weise leisteten die Glieder sich nicht mehr gegenseitige Unterstützung, damit der Hunger den Magen bezähmte. Aber bald fielen sie selbst in Mattigkeit, und der Körper hatte nicht mehr die Kraft, sie zu ernähren. Sie bemerkten nun, daß der Magen ebenso (aussi) gut als sie arbeitete und daß er, indem er sich nährte, allen Teilen des Körpers das Blut lieferte, welches ihnen notwendig war.

18.

Der Wert der Zeit.

Der berühmte französische Naturforscher Büffon, welcher im Jahre 1788 im Alter von 81 Jahren gestorben ist, liebte [es] in seiner Jugend sehr, zu schlafen, obgleich er [es] bedauerte, daß ihm die Hälfte seiner Zeit durch den Schlaf entzogen wurde. Sein Diener, welcher Joseph hieß, gab sich alle mögliche Mühe (Pl.), damit sein Herr von seiner Faulheit geheilt würde (heilte); aber es war sehr selten, daß seine Anstrengungen Erfolg hatten.

Eines Tages sagte Büffon zu seinem Diener, daß er ihm einen Thaler geben würde, wenn er gezwungen würde, frühzeitig aufzustehen. Am folgenden Tage that Joseph natürlicherweise sein möglichstes, um seinen Herrn aufzuwecken, aber er wurde

Tage fort, ohne daß ſein Herr aufſtand; im Gegenteil richtete
(machte) er ſolche Drohungen an ſeinen Diener, daß man gedacht
haben würde, daß er ernſtlich böſe würde.

Am Nachmittage indeſſen bedauerte Büffon, daß er ſeine
Zeit verloren hatte und daß Joſeph nichts gewonnen hatte; er
wünſchte, daß dieſer mehr an ſeine Intereſſen dächte und daß
er ſich hinfort nicht mehr durch Drohungen aufhalten ließe.
Dieſem Befehle gehorchend, zwang Joſeph am folgenden Tage
ſeinen Herrn, wider Willen aufzuſtehen. Obgleich Büffon ihn
inſtändig bat und böſe wurde, gab Joſeph nicht acht darauf.
Es iſt wahr, daß der Herr eine Stunde lang übler Laune war,
aber ſpäter belohnte er ſeinen Bedienten für ſeine Feſtigkeit
durch Dankſagungen und durch Geld.

19.

Beim Buchhändler.

Guten Tag, gnädige Frau (madame)! Was ſteht Ihnen
zu Dienſten (was giebt es zu Ihrem Dienſt)? — Ich wünſche
einige Kinderſchriften (livre d'e.) [zu] kaufen, mit Abbildungen,
wenn möglich. Ich denke damit meinen Söhnen zu Weihnachten
[ein] Geſchenk zu machen. Würden Sie die Güte haben, mir
welche zu zeigen? — Sicherlich, gnädige Frau, ich werde Ihnen
ſehr gern welche zeigen. Hier iſt zum Beiſpiel ein Buch für
kleine Kinder; es enthält eine Menge hübſcher Geſchichten, unter
andern diejenige von Rotkäppchen. Hier iſt eine Naturgeſchichte
(h. naturelle) mit vielen Abbildungen. — Zeigen Sie ſie mir
gefälligſt, mein Herr. Ich denke, daß ich ſie behalten werde.
Haben Sie auch Muſikhefte, mein Herr? — Ja, gnädige Frau,
wir haben eine große Menge davon; wir haben ſogar die letzten
Neuheiten. — Nun wohl, ſchicken Sie ſie mir ins Haus, ich
bitte Sie; ich werde einige davon für meine Tochter wählen.
Meine Modezeitung iſt noch nicht angekommen? –– Nein,
gnädige Frau, wir haben die letzte Nummer noch nicht. So=
bald ſie angekommen ſein wird, wird man ſie Ihnen bringen.
Wünſchen Sie noch etwas anderes, gnädige Frau? — Ich muß

nicht vergessen, daß meine Söhne ein Album (un album) für Briefmarken [zu] haben wünschen. Wenn Sie eins (davon) haben, werde ich es ihnen kaufen. — Hier ist ein Album, welches man viel kauft und welches ihnen große Freude machen wird, ich bin dessen gewiß. Haben Sie die Güte, mein Herr, es mir mit den andern Büchern zu schicken. Sobald ich ge= wählt haben werde, was (ce qui) mir gefällt, werde ich sie Ihnen bezahlen. Leben Sie wohl, mein Herr! — Ich habe die Ehre, Sie zu grüßen, gnädige Frau.

20.
Ein Mittagsessen für mein Geld.

In einer kleinen Stadt trat eines Tages ein sehr gut gekleideter Fremder in das Wirtshaus zum Goldenen Löwen und verlangte, daß man ihm eine gute Suppe für sein Geld auftrüge. Als er sie gegessen hatte, sagte er zu dem Wirte: „Tragen Sie mir gefälligst einen Rinderbraten und ein Gericht Gemüse für mein Geld auf!" Der Wirt antwortete ihm: „Mein Herr, ich werde mein möglichstes thun, damit Sie [es] nicht bereuen, bei mir abgestiegen zu sein. Wünschen Sie nicht, daß man Ihnen eine Flasche Wein auftrage?" — „Ich willige darin ein", sagte der Fremde, „wenn es möglich ist, guten Wein für mein Geld zu haben." Der Wirt beeilte sich, eine Flasche seines besten Weines zu bringen.

Als er sich ordentlich von allem bedient hatte, zog unser Mann ein Viersous=Stück aus seiner Tasche und reichte es dem Wirte. „Hier ist mein Geld", sagte er. — „Wie?" rief der Wirt aus, „mein Mittagsessen kostet weit mehr." — „Verzeihen Sie mir, mein Freund", erwiderte der andere, „ich habe Sie gebeten, mir ein Mittagsessen für mein Geld aufzutragen. Das ist alles, was ich besitze (possède). Einmal in Ihrem Leben haben Sie einen armen Mann freigebig bedient; denn ich lüge nicht, indem ich behaupte, daß ich seit langer Zeit nicht ein so gutes Mittagsessen gehabt habe. Bedauern Sie es? In jedem Falle ist es Ihre Schuld (la faute) und nicht die meinige."

Da sagte der Wirt zu dem Fremden: „Sie haben mich ordentlich getäuscht; aber da Ihre List gelungen ist, so willigen Sie gefälligst ein, dasselbe Stück bei meinem Konkurrenten (le concurrent) im Wirtshause zum Weißen Schwan zu spielen!" Der Fremde, welcher schon hinausging, wandte sich um und sagte: „Mein lieber Herr, es ist leider unmöglich, daß ich darin einwillige; denn ich habe heute Morgen bei ihrem Konkurrenten im Weißen Schwan für mein Geld gefrühstückt, und er ist es, der mich geschickt hat, bei Ihnen zu Mittag [zu] essen."

21.
Die Distel und der Esel.

Die Distel ist eine arme Pflanze, welche weder Schönheit noch Wohlgeruch besitzt. Wie die Rose, hat sie Dornen, ohne daß dieses Uebel durch irgend einen Reiz gutgemacht wird. Die Distel blüht gewöhnlich am Rande von Gräben oder im Winkel alter Mauern. Da sie zu nichts gut ist, so tragen die Menschen nicht Sorge dafür, im Gegenteil sie verabscheuen sie und reißen sie um die Wette aus jedem fruchtbaren Boden. Der einzige Freund, welchen die Distel besitzt, ist der Esel, der sich davon nährt.

Der Wuchs des Esels ist im (en) allgemeinen kleiner als der des Pferdes. Der Esel ist weniger stark als das Pferd; indessen ist er von allen Tieren vielleicht dasjenige, welches die größten Lasten (poids) trägt. Er schläft weniger als das Pferd. Da er fast nichts zu ernähren kostet und keine Sorgfalt verlangt, so ist er für die Bewohner des Landes sehr nützlich. Er führt uns jeden Morgen die gute Milch unseres Frühstücks herbei. Das Pferd ist gewöhnlich gut genährt und findet einen guten Herrn; aber wer denkt [daran], den armen Esel mit Güte zu behandeln? Er ist bescheiden, geduldig und sanft von Natur. Er gehorcht der Stimme eines Kindes; er ist mit wenigem zufrieden. In seinen ersten Jahren ist er lebhaft, munter; später ist er langsam und eigensinnig, weil man ihn oft schlecht behandelt. Sein Schrei ist nicht angenehm; aber es ist nicht seine Schuld, wenn er uns die Ohren zerreißt.

Er steckt (enfoncer) seine Nase (le nez) nicht ins Wasser, denn, sagt man, der Schatten seiner langen Ohren flößt (macht) ihm Furcht ein.

22.

Ein Besuch.

Ich habe die Ehre, Sie zu begrüßen, gnädige Frau. — Guten Tag, mein Herr. Da ist ein Lehnstuhl, der Ihnen die Arme entgegenstreckt (tendre). — Wie geht es Ihnen, gnädige Frau? — Danke, mein Herr, es geht mir sehr gut, und Ihnen? — Ich danke Ihnen, gnädige Frau, es geht mir auch gut. Man hat mir gesagt, daß [Ihr] Herr [Gemahl] ausgegangen ist. — Ja, mein Herr, er ist gegangen, einen Besuch [zu] machen. Es ist nötig, daß er morgen in Geschäftsangelegenheiten (pour a.) nach Berlin reist, aber er wird nicht lange dort bleiben. — Mit welchem Zuge wird er reisen? — Er wird mit dem Schnell= zuge um 8¹⁄₂ Uhr abreisen. — Und wie geht es Ihren lieben Kindern, gnädige Frau? — Danke, mein Herr, meinen Jungen geht es ganz gut (joliment); allein meiner Tochter geht es heute nicht allzu gut. Sie hatte schon ein wenig Fieber, als sie in die Schule (weg=)gegangen ist. Wenn es ihr morgen nicht besser geht, so werde ich den Arzt holen lassen (envoyer ch.). — Ich hoffe, daß sie eine gute Nacht haben wird und daß sie morgen ganz wohl sein wird.

23.

Guten Tag, mein Herr; ich komme im Auftrage meines Vaters. Er läßt Sie fragen, ob Sie nächsten Freitag ins Theater gehen werden. — Nein, mein Junge, wir werden nicht hingehen. Wir würden hingegangen sein, wenn man die Räuber von Schiller dargestellt hätte, wie man es zuerst angezeigt hatte. Aber da man ein Lustspiel geben wird, so ziehen wir [es] vor (aimer mieux), nicht hin[zu]gehn. — In diesem Falle bittet mein Vater Sie, die Güte zu haben, ihm Ihre Billets abzutreten. — Sehr gern, mein lieber Junge; ich werde sie ihm Freitag früh schicken. — Danke sehr, mein Herr; Papa hat gesagt, daß er selbst die Angelegenheit mit Ihnen regeln wird. — Geh und sage (sagen) deinem Vater, daß dies nicht drängt, und grüße ihn wohl von mir (von meiner Seite). — Ich werde (y) nicht verfehlen, mein Herr.

24.
In der Schwimmschule.

Woher kommt ihr, meine Freunde? — Wir kommen aus der Schwimmschule. — Habt ihr euch ordentlich belustigt? — Es war ein wahres Vergnügen, sich ins Wasser zu tauchen. — Habt ihr gut geschwommen? — Sicherlich. Aber warum kommst du seit einigen Tagen nicht mehr dorthin? — Mich hat neulich beim Hinausgehen aus dem Wasser gefroren. Deshalb (siehe da, weshalb) hat man mir verboten, mich zu baden. — Aber es geht dir jetzt hoffentlich (ich hoffe) besser? — Danke, es geht mir nicht schlecht. Und wohin geht ihr jetzt? — Wir wollen (gehen) einen Spaziergang machen. Komm mit uns! — Mit Vergnügen, meine Freunde.

25.
Das Rotkehlchen.

Während eines strengen Winters kam ein Rotkehlchen und klopfte (klopfen) an das Fenster eines guten Dorfbewohners, wie wenn es eintreten wollte. Der Bauer, von Mitleid gerührt, entsprach dem Vertrauen des kleinen Tieres; er öffnete ihm sein Fenster und nahm es mit Güte in seine Wohnung auf. Das Rotkehlchen flog zuerst nach allen Seiten, dann suchte es auf dem Fußboden die Brotkrumen, welche von dem Tische seines Wohlthäters gefallen waren. Die Kinder des Landmanns trugen Sorge für diesen kleinen Vogel, der ihnen so viel Vertrauen zeigte.

Als der Frühling zurückgekehrt war und die Felder sich mit Grün bedeckten, flog der kleine Gast durch das geöffnete Fenster davon. In dem benachbarten Walde baute er sein Nest und sang mit fröhlicher (einer fr.) Stimme. Im Anfange des Winters kehrte das Rotkehlchen zur Wohnung des guten Land= mannes zurück; aber es kam nicht allein, es war von seiner kleinen Gefährtin begleitet. Der Bauer und seine Kinder waren entzückt, indem sie die beiden Vögelein sahen, und nahmen sie mit vieler Freude auf. Die Kinder fanden, daß die Vögel sie ansähen, als ob sie ihnen etwas sagen wollten. Und der Vater sagte [zu] ihnen: „Wenn sie sprechen könnten, würden sie sagen: Habt Vertrauen zu den andern, dann werden die andern euch auch Vertrauen bezeugen."

26.
Christoph Kolumbus.

Im 15. Jahrhundert eröffneten die Portugiesen (le Por- tugais) dem Handel neue Wege; sie entdeckten das Kap (le cap), welches Afrika (l'Afrique f.) im Süden beendigt, und nannten es Kap der guten Hoffnung. Christoph Kolumbus (Christophe Colomb) aus Genua (Gênes) dachte, daß er den Weg nach Indien (les Indes f.) entdecken (découvrir) würde, indem er sich gegen Westen quer durch den Atlantischen Ocean wendete.

Er bietet seine Dienste zuerst seinem Vaterlande an, dann dem Könige Johann II. von Portugal (le Portugal) und dem Könige Heinrich VII. von England (l'Angleterre f.), aber überall wird er schlecht aufgenommen. Überzeugt, daß man ihn am Hofe von Kastilien (la Castille) besser aufnehmen wird, wendet er sich an die Königin Isabella (Isabelle) und an den König Ferdinand V. Er wartet lange Jahre hindurch, endlich erlangt er drei kleine Schiffe für seinen Zug. Freitag den 3. August 1492 fahren sie von Palos ab. Unterwegs leidet Kolumbus viel von der Unruhe, der Furcht, der Verzweiflung seiner Gefährten, aber er flößt ihnen durch seine Festigkeit Ver= trauen ein. Endlich in der Nacht des 11. Oktober ruft ein Matrose: Land! und bei Tagesanbruch entdecken die Spanier eine schöne grüne Insel: es ist Guanahani.

Kolumbus hat noch drei andere Reisen gemacht; auf der dritten hat er Amerika (l'Amérique f.) selbst entdeckt. Aber er hat nicht die Früchte so vieler Anstrengungen geerntet, er hat viel von seinen, auf seinen Ruhm eifersüchtigen Gegnern gelitten. Er ist in Valladolid am 8. Mai 1506 gestorben, übermannt von Kummer, im Alter von 71 Jahren.

27.
Aufbruch von der Schule.

Wenn die Unterrichtsstunden beendigt sind, verlassen die Schüler die Schule, wohin sie am folgenden Tage zurückkehren werden. Sie legen ihren Tornister wieder auf die Schulter, bedecken sich den Kopf mit ihrer Mütze und gehen munter weg nach Hause. Dort trägt man ihnen zuerst ihren Kaffee mit einem Butterbrote auf, dann setzen sie sich schnell wieder an die Arbeit und wiederholen ihre Lektion. Wenn sie ihre Aufgaben vollendet haben werden, werden sie ohne Unterlaß bis zum Abendbrote spielen können. Es ist nötig, daß die Schüler immer artig seien und sich ihre Pflichten angelegen sein lassen; es ist nötig, daß sie in der Jugend säen, damit sie in ihren alten Tagen Früchte davon ernten.

28.
Spaziergang auf das Land.

Letzten Mittwoch habe ich mit meinem Onkel Ferdinand einen schönen Morgenspaziergang auf das Land gemacht. Das Wetter war angenehm, es war nicht zu heiß. Die Luft war rein, der Himmel war blau, die Natur war entzückend zu sehen inmitten ihres Schmuckes von Grün und Blumen. Wir bemerkten Ackersleute, welche sich munter an ihre Arbeit begaben; ich glaube nicht, daß sie in ihren Hoffnungen getäuscht werden, denn der Stand der Felder läßt eine gute Ernte voraussehen. Wir stiegen auf einen Hügel und sahen von dort noch besser alle diese Leute sich zu unsern Füßen bewegen. In der Ferne erblickte man die weißen Häupter der Alpen. Nach einem Aufenthalte von einigen Minuten setzten wir unsern Weg fort und lenkten unsere Schritte zu einem großen Pachthofe, den man von weitem bemerkt. Er gehörte den Eltern meines besten Freundes. Ich sagte meinem Onkel, daß wir in diesen Pachthof eintreten könnten und daß wir dort alles finden würden, was wir wünschten, um uns zu erquicken. Als mein Onkel erfuhr, daß man uns dort gut aufnehmen würde, genehmigte er meinen Vorschlag. Bald bemerkten uns meine Freunde und kamen uns entgegen. Wir begrüßten uns und traten in den Pachthof ein. Wir mußten zum Mittagsessen bleiben, das bald nach unserer Ankunft aufgetragen wurde, und man bot uns den Kaffee im Schatten des Obstgartens an.

29.

Gott sieht· alles.

Eines Tages mußten Peter und seine Schwester allein zu Hause bleiben. Ihre Eltern waren gleich am Morgen in die benachbarte Stadt (weg) gegangen; vor ihrem Weggange hatten sie ihren Kindern gesagt, daß sie die Wohnung wohl behüten sollten.

„Komm," sagte Peter zu seiner jüngeren Schwester, „unsere Eltern sind für einen ganzen Tag fort (fern). Welches Glück! Benutzen wir es! Komm, Schwesterchen, laß uns Aprikosen im Obstgarten pflücken!" — „Nein, mein Bruder," antwortete die Schwester, „der Nachbar würde uns sehn."

„Komm doch in das Eßzimmer; ich weiß, daß es dort einen Topf voll von Eingemachtem giebt, das sehr gut sein wird." — „Nein, Peter," entgegnete das kleine Mädchen, „die Nachbarin würde uns dort entdecken; sie liebt dich nicht und schilt die Kinder."

„Komm denn in den Keller (la cave); du weißt, wo die Nacht so schwarz ist. Es giebt dort einen Schrank, wo wir Honig und Sahne finden werden; wir werden davon essen, soviel als wir wollen (werden)." — „Nein, nein," erwiderte die Schwester, „denn Gott würde uns dort sehen."

Kinder, gehorchet immer euren Eltern und ahmt nicht das Beispiel Peters nach. Erinnert euch, daß Gott überall ist und daß er vom Himmel alles sieht, was sich auf Erden zuträgt.

30.

Friedrich der Große in Sanssouci.

Eines Tages traf Friedrich der Große in Sanssouci (Sans-Souci) einen holländischen Kaufmann und fragte ihn, ob er den Garten sehen wollte. Der Kaufmann, welcher nicht wußte, daß es der König war, antwortete: „Ich weiß nicht, ob man die Erlaubnis dazu erlangt (obtenir), wenn der König da ist." — „Das thut nichts," sagte Friedrich [zu] ihm, „ich werde Sie führen."

Er zeigte (ließ sehen) dem Kaufmann die schönsten Teile seines Gartens. Als er alles gesehen hatte, zog der Kaufmann seine Börse und wollte seinem Führer Geld geben. „Nein," sagte Friedrich, „es ist uns verboten, etwas zu nehmen (de rien prendre); wenn der König es wüßte, würden wir bestraft werden." Der Kaufmann dankte ihm also lebhaft und ging weg, überzeugt, daß er den Aufseher (inspecteur) der Gärten verließ.

Kaum hatte er einige Schritte gemacht, als er den Gärtner (jardinier) traf, der ziemlich barsch [zu] ihm sagte: „Was machen Sie hier? Der König ist da." Der Holländer erzählte, was ihm begegnet war, und rühmte (vanter) sehr die Güte dessen, der ihm den Garten gezeigt hatte. „Und wissen Sie, wer es war?" sagte der Gärtner; „der König selbst."

31.

Die Äpfel und das Kind.

Ein vierjähriges Kind sah eines Tages mehrere Äpfel auf einer Schüssel. Es bat seinen Vater um einen davon, welcher ihn ihm gab. Da der Apfel sehr groß war, so konnte es ihn kaum in seiner kleinen Hand halten. Dennoch verlangte es einen andern davon und empfing ihn mit der andern Hand. Es wollte einen dritten. Der Vater gab ihm denselben; aber indem es ihn empfing, ließ das Kind die beiden ersten fallen. Darauf fing es sehr stark zu weinen an. Hätte es nicht besser [daran] gethan, sich mit zwei Äpfeln zu begnügen? — So jetzt ihr, daß zuviel Gut in Verlegenheit setzt (embarrasser) und daß wir nicht glücklicher sind, wenn wir viel davon besitzen.

32.

Brief.

Mein lieber Vetter!

Da Du willst, daß ich Dich von den Belustigungen (le divertissement), an denen ich mich erfreue, in Kenntnis setze, so muß ich Dir erzählen, daß ich gestern an einem Maskenballe bei meinem Freunde Ernst teilgenommen (prendre part à qch.) habe. Er hatte mir seine Einladung lange im voraus geschickt, weil er glaubte, daß ich anderswo (autre part) eingeladen werden könnte. Ich erhielt die Erlaubnis von meinem Vater, so daß ich am Sonntage vor Aschermittwoch dieser liebens= würdigen (aimable) Einladung Folge leisten (se rendre à) konnte.

Wenn Du Ernstens Eltern kenntest, so würdest Du wissen, daß sie sehr gütig sind und daß sie das größte Vergnügen empfinden, wenn sie alle ihre Gäste munter und zufrieden sehen. Diesmal hatten sie uns eine Überraschung bereitet, von der sie nicht einmal ihrem Sohne Mitteilung gemacht hatten. Sie hatten eine Lotterie angeordnet, wo das schlechteste Los noch etwas gewann. Du hättest diese hübschen Gegenstände sehen sollen, die wir empfingen. Darauf führte man zwei kleine Lustspiele von Souvestre auf: „Wie man sein Bett macht, so schläft man" und „Die alte Base". Jedermann sagte, daß diese Stücke sehr gelungen wären. Endlich tanzten wir bis um elf Uhr.

Du siehst, mein lieber Vetter, daß wir uns sehr gut unter= halten haben. Heute bin ich noch ein wenig müde, das versteht sich von selbst. Ich bitte Dich um Verzeihung für mein Ge= kritzel; ich habe mich beeilen müssen, denn ich muß (gehen) eine französische Stunde [zu] nehmen. Empfange die herzlichsten Grüße (la salutation) von

Deinem Vetter Alfred.

33.

Gott ist allgegenwärtig.

„Gott herrscht im Himmel! Wie kann er die Wünsche eines solchen Kindes wie ich hören?" — „Gott gefällt es (sich), auf die Erde herabzusteigen, und sein Ohr ist nahe bei dir."

„Gott herrscht im Himmel! Kann er meine Schwäche sehen, wenn ich hier unten das Böse thue?" — „Ja, mein Sohn, er kann es; seine Augen wachen unaufhörlich, Tag und Nacht folgen sie deinen Schritten."

„Gott herrscht im Himmel! Weiß er, wenn ich die Wahrheit (la vérité) entstelle oder verberge?" — „Ja, mein Kind, die Lüge (le mensonge) ist zu ihm emporgestiegen, so leise (bas) auch dein Mund sie sage."

„Gott herrscht im Himmel! Liebt er mich wie ein Vater, und trägt er Sorge für mein Glück?" — „Ja, mein Sohn, alle Güter, welche du genießest, du verdankst sie alle dem Herrn."

„Gott herrscht im Himmel! Und kann ich, um ihm meine Dankbarkeit zu bezeugen, zu seinem Throne gelangen?" — „Noch nicht, mein Kind; Gott bezeichnet hier deinen Platz, aber du kannst ihn schon preisen."

34.

Die drei Freunde.

Ein Mann hatte drei Freunde. Zweien unter ihnen war er sehr zugethan, während der dritte ihm fast gleichgültig war, obwohl dieser ihn aufrichtig liebte. Eines Tages wurde dieser Mann schwer angeklagt und sollte vor den Richter geführt werden. Er fragte seine Freunde, ob sie mit ihm kommen würden, um zu seinen Gunsten zu zeugen. Der erste antwortete ihm: „Habe die Güte, mich zu entschuldigen; es ist unmöglich, daß ich mit dir gehe, denn dringende Angelegenheiten halten mich zurück. Ich bedauere es sehr, aber ich kann nichts dafür." Der zweite ging mit seinem Freunde aus und folgte ihm bis zu der Thür des Gerichtsgebäudes. Dort verließ er ihn und kehrte nach Hause zurück, denn er fürchtete, sich den

Zorn des Richters zuzuziehen. Der dritte, von dem er nichts erwartete, trat mit ihm ein und sprach so eifrig zu seinen Gunsten, daß der Richter von der Unschuld des Angeklagten überzeugt wurde und ihn freigesprochen entließ.

Der Mensch hat drei Freunde in dieser Welt. Was thun sie in der Stunde des Todes, wenn der Mensch vor den Richterstuhl Gottes gefordert wird? Die Reichtümer, sein liebster Freund, verlassen ihn zuerst und folgen ihm nicht. Seine Verwandten und seine Freunde, welche seinen Verlust beweinen, begleiten ihn bis zu seiner letzten Wohnung, dann gehen sie weg nach Hause. Sein dritter Freund, welchen er zum öftesten während seines Lebens vergaß, sind seine guten Handlungen. Sie erscheinen vor dem Richter, zeugen von dem Glauben des Sünders und erlangen Gnade für seine Fehler.

35.
Wie man einen Brief schreiben soll.

Wenn ihr einen Brief schreibt, so widmet der Schrift alle eure Sorgfalt; macht keine Klecfse. Es ist nötig, daß alle eure Briefe das Gepräge der Sauberkeit und der Zierlichkeit tragen. Es ist unerläßlich, auf die Orthographie achtzugeben, damit ihr keine Fehler macht. Nehmt nicht ein zu kleines Papierformat, man könnte es als unhöflich ansehen. Denn indem wir auf ein ganz kleines Blatt Papier schreiben, fündigen wir an, daß wir nur wenige Dinge zu schreiben haben; wir scheinen (haben das Ansehen) zu sagen, daß die Personen, an welche wir schreiben, nicht verdienen, daß wir uns große Mühe für sie geben. Faltet das Blatt nicht schief. Folgt diesen Empfehlungen wohl und glaubt nicht, daß diese Kleinigkeiten keinen Einfluß haben. Man urteilt (juger) über unsere Erziehung (éducation f.) oft nach (par) der Weise, in der wir einen Brief schreiben.

Ein gut geschriebener Brief ist derjenige, welcher, verstanden von dem Unwissenden wie von dem unterrichteten Manne, allen beiden in gleicher Weise gefällt. Der schönste Brief ist derjenige, welcher seinen ganzen Schmuck aus der einfachen und natürlichen Weise schöpft (tirer), in der er geschrieben ist.

Man muß durchaus schreiben, wie man spricht, oder wenigstens (du moins) wie die Leute sprechen, welche gut sprechen, und wie man sprechen würde, wenn man [zu] sprechen verstände. Es ist ebenso unerläßlich zu antworten, wenn man uns schreibt, als wenn man [zu] uns spricht. Antwortet also so schnell, als ihr können werdet, auf (à) die Briefe, welche ihr empfangt, ausgenommen jedoch, wenn der empfangene Brief euch verletzt. In diesem Falle wartet. Schreibt niemals ein Wort, das ihr eines Tages bedauern könnt (Subj.).

36.
Der Samariter.

Ein Lehrer (docteur) des Gesetzes stand auf und sagte zu Jesus (Jésus), um ihn zu versuchen (éprouver): „Meister, was muß ich thun, um das ewige Leben zu gewinnen?“ Jesus sagte [zu] ihm: „Was ist in dem Gesetz geschrieben, und was liesest du dort?“ Er antwortete: „Du sollst den Herrn, deinen Gott, lieben von ganzem Herzen, von ganzer Seele (âme f.) und von allen Kräften; und deinen Nächsten als dich selbst.“ Und Jesus sagte [zu] ihm: „Du hast recht geantwortet; thue das, und du wirst leben.“ Aber dieser Mann, der sich rechtfertigen (se justifier) wollte (Part.), sagte zu Jesus: „Und wer ist mein Nächster?“ Und Jesus, das Wort ergreifend, sagte [zu] ihm:

„Ein Mensch ging hinab von Jerusalem (Jérusalem) nach Jericho (Jéricho) und fiel in die Hände der Räuber, welche ihn plünderten (dépouiller). Und nachdem sie ihn mit mehreren Schlägen verwundet hatten, gingen sie weg, indem sie ihn halb= tot (à demi) [liegen] ließen. Nun (or) geschah es, daß ein Priester auf demselben Wege hinabzog, und da er diesen Mann gesehen hatte (Part.), ging er vorüber (outre). Ein Levit (lévite), der auch an dieselbe Stelle gekommen war (Part.) und ihn sah (Part.), ging vorüber.

Aber ein Samariter (Samaritain), der seines Weges kam (seinen Weg machte), kam zu diesem Menschen, und da er ihn sah (Part.), wurde er von Mitleid gerührt. Und sich ihm nähernd, verband (bander) er seine Wunden (la plaie) und goß Öl und Wein hinein; dann setzte er ihn auf sein Tier, führte ihn in eine Herberge und trug Sorge für ihn. Am folgenden Morgen zog er, indem er abreiste, zwei Silberlinge (le denier d'argent) aus seiner Börse und gab sie dem Wirte, indem er [zu] ihm sagte: „Trage Sorge für ihn, und alles, was du mehr (de plus) ausgeben (dépenser) wirst, werde ich dir wiedergeben bei meiner Rückkehr." — Welcher von diesen dreien scheint dir nun der Nächste desjenigen gewesen zu sein, der in die Hände der Räuber gefallen war?"

Der Lehrer sagte: „Es ist derjenige, welcher die Barm=herzigkeit (la miséricorde) gegen (envers) ihn geübt hat." Jesus sprach [zu] ihm: „Gehe [hin] und thue dasselbe (dieselbe Sache)!"

37.
Geschichte eines Blinden.

I.

Gestern fanden wir den armen Blinden aus dem benach=barten Dorfe im Walde bei einem häßlichen Wetter, das ihn bis auf die Knochen durchnäßt hatte. Er hatte sich inmitten des Waldes verirrt. Der Sturm zerbrach die Zweige und die jungen Bäume desselben; daher hatte der Blinde bald den Weg verloren, den er sonst (ohne dies) so gut zu finden wußte. Wir baten, daß er die Nacht bei uns zubrächte, und wir ließen ihm ein gutes Abendbrot auftragen. Er aß und trank mit vielem Vergnügen, denn er hatte den ganzen Tag nichts [zu sich] genommen. Er nahm unsere Sorge mit lebhafter (einer l.) Dankbarkeit an, und als er bemerkt hatte, daß die Erzählung seiner Geschichte uns Vergnügen machen würde, wollte er sie uns erzählen, ohne daß jemand ihn nötigte, es zu thun. Wir stellten uns um ihn, und er begann seine Erzählung in fol=genden Ausdrücken.

II.

Ich heiße Peter Vidal; wenn die ersten Blätter kommen werden, werde ich 75 Jahre gelebt haben. Mein Vater war Holzhauer und lebte ärmlich; doch trachtete er, uns, meine beiden Schwestern und mich), so gut er konnte, zu erziehen. Unsere Mutter war kurze Zeit nach meiner Geburt gestorben. Wir empfingen einige Stunden in der Schule des benachbarten Dorfes. Wir konnten nicht so oft hingehen, als wir es gewollt hätten; denn wir wohnten inmitten eines großen Waldes, eine (à) starke Stunde vom Dorfe. Im Winter war die Sache unmöglich. Dennoch wollten wir versuchen, uns nach der Schule zu begeben. Meine Schwestern und ich), wir brachen also bei drohendem (einem dr. menaçant) Wetter auf.

III.

Ich erinnere mich dessen immer [noch]: es war am 10. De= zember 1804. Trotz der Kälte und des Schnees (la neige) kamen wir glücklich in der Schule an. Um vier Uhr, als die Schule (die Klasse) beendigt war, sagte der Lehrer [zu] mir: „Höre, mein Kind, ich hoffe, daß du und deine Schwestern heute abend nicht aufbrechen werdet; das Wetter ist sehr dunkel, und der Schnee fällt in Überfluß. Bleibt bei mir; ihr werdet morgen zu Mittag weggehen. Dein Vater wird keine Unruhe empfinden über eure Abwesenheit; er wird sich wohl denken, daß ihr im Dorfe zurückgehalten worden seid." Aber wir hörten nicht auf die weisen Ratschläge des Lehrers; wir hatten Furcht, unsern Vater in (eine) große Unruhe zu versetzen (werfen), und dann war das Wetter milder geworden. Alle Bitten des Lehrers und der Schüler konnten uns nicht zurückhalten. Wir dankten ihnen sehr und brachen alsbald auf.

IV.

Der Schnee begann in solcher Menge zu fallen, daß er uns den Anblick der Gegenstände verbarg. Meine Schwestern kamen mit Mühe vorwärts; ich ging ihnen oft um (de) dreißig Schritte voraus, dann blieb ich stehen und rief sie kräftig, denn ich sah sie kaum. Die Nacht wurde stockfinster (tief) in dem Walde, und die Furcht ergriff (belagerte) mein Herz, indem sie es mit Heftigkeit schlagen ließ. Wir marschierten seit etwa vierzig Minuten, als wir bemerkten, daß wir uns verirrt hatten. Ich hatte einen Weg einschlagen (nehmen) wollen, welcher abkürzte;

aber der dichte Schnee hatte die Straße vor unsern Füßen ver=
wischt. Meine Schwestern stießen (pousser) Rufe des Schreckens
aus, sie riefen aus allen Kräften, aber niemand antwortete.
Plötzlich blieb meine Schwester Emma stehen und sagte [zu] mir,
indem sie sich mir näherte und mir einen funkelnden Punkt
zwanzig (à) Schritte von uns angab: „Sieh doch, Peter, was
dort funkelt!" — „O mein Gott, das ist ein Wolf!" rief ich aus.

V.

Ich stellte meine Schwestern hinter mich und ging tapfer
dem Wolfe entgegen, der selbst gegen uns vorrückte. Ich er=
wartete den Augenblick, wo er sich auf uns werfen würde, um
ihn mit meinem Stocke (le bâton) zu treffen. Aber das Tier
warf sich wie der Blitz auf meine arme Schwester Emma, welche
er zu Boden warf. Ich gab (porter) ihm gewaltige Schläge,
wenn ich ihn in dem Schatten bemerken konnte. Die arme
Emma ließ ein [herz]zerreißendes Geschrei hören; meine Schwester
Adele und ich riefen aus allen Kräften um Hilfe. Da ich
nicht aufhörte, den Wolf zu schlagen, so biß er mich zweimal
ins Gesicht und in den Arm. Endlich hörten wir Stimmen,
welche in einiger Entfernung riefen. Der Wolf entfloh, sobald
er das Geräusch der Schritte, welche sich näherten, hörte und
Lichter sah. Es war mein Vater und zwei seiner Nachbarn,
welche kamen uns [zu] suchen. Mein Vater bestürmte (assiéger)
uns mit Fragen, auf die wir nicht antworten konnten. Dann
die Abwesenheit meiner Schwester Emma bemerkend, rief er voll
von Unruhe aus: „Und Emma?" — Sie lebte noch, aber in
welchem Zustande! Mein Vater, außer sich vor Schmerz, nahm
diese blutenden Reste (le reste) in seine Arme und eilte nach
Hause, gefolgt von den beiden Nachbarn, welche uns auch trugen,
meine Schwester Adele und mich.

VI.

Als wir zu Hause angekommen waren, sagte uns Emma,
welche sehr litt, mit einem sanften Lächeln lebewohl und starb
in den Armen meines Vaters. Meine Schwester Adele fiel in
ein heftiges Fieber, welches sie bald unserer Liebe entriß. Wir

blieben also allein, mein Vater und ich). Obgleich mein Vater
von dem Schmerze niedergedrückt war, hoffte ich, ihm ein wenig
Glück in seinen alten Tagen wiedergeben zu können. Ich be=
gleitete ihn, wenn er in den Wald ging, [um] Bäume [zu]
fällen. Wenn die Aufgabe sehr schwierig war, gebrauchten wir
das Pulver. Eines Tages entriß mir ein Windstoß das noch
brennende (en feu) Zündholz (une allumette) und ließ es auf
das Pulver fallen, ehe wir uns zurückziehen konnten. Als ich
wieder zu mir kam, war ich blind und verwaist: mein Vater
war durch den Baum getötet worden, und ich, ich hatte das
Gesicht vom Pulver verbrannt. — Das ist, meine Herren, eine
sehr traurige Geschichte, nicht wahr? Trotzdem ist mein Ver=
trauen zu Gott und die Hoffnung auf ein besseres Leben noch
heute mein einziger Trost.

38.
Edle Handlung eines Wilden.

Ein Indianer (Indien), welcher auf seiner Jagd keinen Er=
folg gehabt hatte, kam in die Nähe einer europäischen (européen)
Farm. Er näherte sich ihr, und als er den Pflanzer (le plan-
teur) bemerkte, sagte er ihm, daß er großen Hunger hätte, und
bat um ein Stück Brot. Man verweigerte es ihm. „Geben
Sie mir wenigstens ein wenig Wasser," sagte der Wilde, „denn
ich sterbe vor (de) Durst." — „Zieh dich zurück, Hund (le chien)
von Indianer," sagte der Europäer, „du wirst hier nichts be=
kommen."

Einige Monate nachher jagte dieser Pflanzer mit einigen
Freunden in einem Gehölz. Indem er einem Stück Wild folgte,
verlor er seine Gefährten und verirrte sich in dem Walde. Nach=
dem er den ganzen Tag gelaufen war, übermannt von Ermüdung
und sterbend vor Hunger und Durst, bemerkte er die Hütte (la
cabane) eines Wilden. Er eilte dorthin und bat, daß man ihn
zu der nächsten europäischen Farm führte. „Es ist zu spät,"
sagte ihm der Herr der Hütte. „Sie können dort nicht vor
[Anbruch] der Nacht ankommen. Bleiben Sie hier, Sie werden
willkommen sein, und morgen werde ich Sie nach Hause führen."

Er bot ihm darauf ein Stück Wildbret an und ließ ihn auf einem Bette von Moos schlafen.

Am folgenden Tage begleitete der Wilde seinen Gast, bis dieser den Ort *(Pl.)* und seinen Weg wiedererkannte. In dem Augenblicke, wo er ihm lebewohl sagen wollte, fragte ihn der Wilde: „Erkennst du mich wieder?" Da erinnerte sich der Pflanzer des Indianers, den er ehemals so grausam fortgeschickt hatte. Er gestand zitternd, daß er ihn wiedererkennte, und schickte sich an, seine Handlungsweise zu entschuldigen, als der Wilde ihn unterbrach (interrompre) und kalt [zu] ihm sagte: „Wenn du einen armen Indianer sehen wirst, der vor Durst stirbt *(Part.)* und um ein Glas Wasser bittet *(Part.)*, so gieb es ihm und sage nicht mehr [zu] ihm: Gehe weg, Hund von Indianer!"

III.

Wörter=Verzeichnis.

1.

un Allemand ein Deutscher.

la langue die Zunge, Sprache.

allemand, e deutsch.

la patrie das Vaterland, die Heimat.

le centre der Mittelpunkt, das Centrum.

l'Europe *f.* Europa.

l'empire *m.* das (Kaiser=) Reich; die Herrschaft.

un empereur ein Kaiser.

résider sich aufhalten.

la capitale die Hauptstadt.

la limite die Grenze.

le nord der Norden.

la mer das Meer, die See.

la mer du Nord die Nordsee.

le Danemark Dänemark.

la mer Baltique die Ostsee.

l'est *m.* der Osten.

la Russie Rußland.

le sud der Süden.

l'Autriche *f.* Österreich.

l'ouest *m.* der Westen.

la Belgique Belgien.

la Hollande Holland.

le Danois der Däne.

le Russe der Russe.

un Autrichien ein Österreicher.

le Suisse der Schweizer.

le Belge der Belgier.

le Hollandais der Holländer.

habiter bewohnen.

le pays das Land.

la république der Freistaat, die Republik.

le président der Vorsitzende, Präsident.

l'habitant *m.* der Bewohner, Einwohner.

borner begrenzen, beschränken.

l'Alsace-Lorraine *f.* Elsaß= Lothringen.

l'Italie *f.* Italien.

la mer Méditerranée das Mittelländische Meer.

l'Espagne *f.* Spanien.

l'Océan Atlantique *m.* der Atlantische Ocean.

la Manche der Kanal, das Ärmelmeer.

les Alpes *f.* die Alpen.

séparer trennen.

les Pyrénées *f.* die Pyrenäen.

le peuple das Volk.

un Italien ein Italiener.

un Espagnol ein Spanier.

à la tête an der Spitze.

la montagne das Gebirge, der Berg.

2.

la Gaule Gallien.

le Gaulois der Gallier.

il y a un an vor einem Jahre.

actuel, le jetzig, gegenwärtig.

la frontière die Grenze.

haut, e hoch.

la taille der Wuchs, die Figur.

le teint die Gesichts=, Hautfarbe.

bleu, e blau.

le cheveu das (Kopf=) Haar.

blond, e blond.

la guerre der Krieg.

une expédition ein Feldzug.

lointain, e entfernt, entlegen.

je faisais ich machte.

faire la guerre à qn. mit jemand Krieg führen.

même selbst, sogar.

avide de begierig nach.

le récit die Erzählung.

arrêter an=, aufhalten.

le passage der Durchgang, die Durchreise.

forcer zwingen; erzwingen, mit Gewalt nehmen.

raconter erzählen.

le prêtre der Priester.

le druide der Druide.

exercer üben, ausüben.

l'influence *f.* der Einfluß.

3.

employer verwenden, gebrauchen.

subjuguer unterjochen.

le général der Feldherr, General.

César Caesar.

un adversaire ein Gegner.

digne würdig.

le héros der Held.

gaulois, e gallisch.

rassembler (ver=) sammeln.

une armée ein Heer.

attaquer angreifen.

l'honneur *m.* die Ehre.

remporter davontragen.

la victoire der Sieg.

la bataille die Schlacht.

le vainqueur der Sieger.

retirer zurückziehen.

assiéger belagern.

le guerrier der Krieger.

tâcher trachten, sich bemühen.

délivrer befreien.

succomber unterliegen, erliegen.

la légion die Legion.

décisif, ve entscheidend.

capituler sich ergeben.

une arme eine Waffe.

livrer liefern, überliefern.

tard spät.

traîner (hinter sich her) ziehn, schleppen.

noble edel.

le char der Wagen.

le triomphe der Triumph.

tuer töten.

obscur, e dunkel.

le cachot das Gefängnis.

Rome Rom.

tel, telle solche(r).

le rôle die Rolle.

glorieux, se ruhmvoll.

4.

un ange ein Engel.

le gardien der Wächter.

l'ange gardien der Schutzengel.

veiller wachen.

éveiller (auf=) wecken.

s'éveiller aufwachen.

puisque da ja.

sommeiller (leise) schlafen, schlummern.

pencher neigen.

le côté die Seite.

le long de längs.

pendant que cj. während.

de peur que .. ne aus Furcht, daß; damit nicht.

la route der Weg, die (Land=) Straße.

en route unterwegs.

5.

Jules Julius.

emmener wegführen, mitnehmen.

charmer bezaubern, entzücken.

revoir wiedersehen.

célèbre berühmt.

la cathédrale der Dom.

le lendemain der folgende Tag.

le train express der Eil=, Kurierzug.

le même, la même (eben) derselbe.

à peu près beinahe, ungefähr.

je ferai ich werde machen, thun.

la tour der Turm.

magnifique herrlich, prächtig.

les environs m. die Umgebung.

Bruxelles Brüssel.

le retour die Rückkehr; die Erwiderung.

adresser à richten an.

Blanche Bianka.

6.

riche reich.

chiche knauserig.

généreux, se großmütig; freigebig.

malheureux, se unglücklich.

la somme die Summe.

distribuer aus=, verteilen.

entre zwischen, unter.

le sou der Sou (= 5 Centimes).

suivant prp. gemäß, nach.

la ressource das Hilfsmittel, die Hilfsquelle; Geldmittel.

prouver beweisen.

user de etwas (ge=) brauchen.

le bien das Gute, Wohl; Gut.

chrétien, ne christlich.

le chrétien der Christ.

7.

le travail, pl. les travaux die Arbeit.

l'arrivée f. die Ankunft.

le marché der Markt (platz).

encombrer überfüllen.

les bestiaux *m.* das Rind=, Zugvieh.

le porc das Schwein.

la foule der Haufe, die Menge.

presser drücken, drängen.

la boutique der (Kauf=) Laden, die Bude.

l'on = on.

étaler auslegen, =stellen.

le joujou das Kinderspielzeug, die Spielsachen.

le drapeau die Fahne.

la poupée die Puppe.

le cerceau der Reifen.

la sorte die Sorte, Art.

toutes sortes de allerlei.

acheter kaufen.

une arche de Noé eine Arche Noahs.

le lion der Löwe.

un ours ein Bär.

le chameau das Kamel.

le hibou die Eule.

le corbeau der Rabe.

le vœu der Wunsch.

coûter kosten.

le cadeau das Geschenk.

par exemple zum Beispiel.

les ciseaux *m.* die Schere.

le couteau das Messer.

le milieu die Mitte.

dresser (auf=) richten.

le mât der Mast.

le mât de cocagne der Kletter= mast (mit zu gewinnenden Preisen an der Spitze).

couronner krönen, kränzen.

attacher festmachen, befestigen.

un effort eine Anstrengung.

infructueux, se unfruchtbar; erfolglos.

essayer versuchen.

attraper fangen, erhaschen, erreichen.

égayer erheitern.

terminer beschließen, beendigen.

la journée der Tag, das Tagewerk.

le feu das Feuer.

le feu d'artifice das Feuerwerk.

arranger (an=) ordnen, einrichten.

le bal der Ball, die Tanzgesellschaft.

danser tanzen.

8.

le commerce der Handel.

l'industrie *f.* das Gewerbe; der Gewerbfleiß.

bien sehr viel.

la richesse der Reichtum.

traverser durchziehen.

couvert, e bedeckt.

arroser begießen, bespülen.

le climat das Klima.

tempéré, e gemäßigt.

fournir liefern.

le blé das Getreide, Korn.

l'huile *f.* das Öl.

le fruit die Frucht.

l'abondance *f.* der Überfluß.

une olive eine Olive.

la figue die Feige.

la mine die Mine, das Bergwerk.

la houille die Steinkohle.

le soufre der Schwefel.
le marbre der Marmor.
l'albâtre *m.* der Alabaster.
favoriser begünstigen.
superbe prächtig.
le canal der Kanal.
le chemin de fer die Eisenbahn.
la communication die Verbin=
dung.
le genre die Gattung, Art.
le foyer der Herd; Sitz.
fort *adv.* sehr.
actif. ve thätig.
fabriquer ver=, anfertigen, her=
stellen.
le châle der Shawl, das Um=
schlagetuch.
le tapis der Teppich.
la lampe die Lampe.
un instrument ein Instrument,
Werkzeug.
la musique die Musik.
la voiture der Wagen.
la chaussure das Schuhwerk.
un article ein Artikel.
la mode die Mode.
la nouveauté die Neuheit.
le produit das Erzeugnis,
Produkt.
le débouché der Absatzweg, Markt.
la plupart die meisten.

9.

la superficie die Oberfläche.
la population die Bevölkerung.
mesurer messen.
environ ungefähr, etwa.

la lieue die (Weg=) Stunde =
³/₅ deutsche Meile.
le kilomètre carré der Quadrat=
kilometer.
la partie der Teil.
le département die Provinz.
l'arrondissement *m.* der Kreis.
le canton der Bezirk.
la commune die Gemeinde.
administrer verwalten.
le préfet der Präfekt.
le chef-lieu der Hauptort, die
Hauptstadt.
le sous-préfet der Unterpräfekt.
est de beträgt.
un million eine Million.
la résidence der Wohnsitz, die
Residenz.
double doppelt, zweifach.
triple dreifach.
le château das Schloß.
le siège die Belagerung.
le quartier général das Haupt=
quartier.
Guillaume Wilhelm.
la Prusse Preußen.
proclamer ausrufen.
la distance die Entfernung.

10.

I. franco-allemand, e deutsch=
französisch.
la déclaration die Erklärung.
charger de beladen mit; be=
auftragen.
le chargé d'affaires der Ge=
schäftsträger.

le soldat der Soldat.

royal, e königlich.

le prince royal der Kronprinz.

ennemi, e feindlich.

l'ennemi *m.* der Feind.

contre gegen.

la défaite die Niederlage.

la cavalerie die Reiterei.

écraser zerdrücken, zermalmen.

l'artillerie *f.* die Artillerie.

prussien, ne preußisch.

la hauteur die Höhe.

la part die Seite.

de part et d'autre von, auf
beiden Seiten.

blesser verwunden, verletzen.

II. ne . . plus que nur noch.

la retraite der Rückzug.

la marche der Marsch, Gang.

retarder aufhalten, verzögern.

une attaque ein Angriff.

la manière die Art, Weise.

de manière que so daß.

barrer versperren.

sanglant, e blutig.

le maréchal der Marschall.

la foteresse die Festung.

la Saxe Sachsen.

diriger führen, lenken, richten.

cerner umringen, umzingeln, ein=
schließen.

la troupe die Truppe.

la négociation die Unterhandlung.

entamer anschneiden; eröffnen.

remplacer ersetzen.

le chef das Haupt, der Anführer.

l'état-major *m.* der Generalstab.

la capitulation der (Übergabe=)
Vertrag.

signer unterschreiben, =zeichnen.

porter lauten, besagen.

un état ein Stand, Zustand.

au plus tard spätestens.

la soirée der Abend, die Abend=
gesellschaft.

la disposition die Verfügung.

la majesté die Majestät.

détrôner entthronen.

le gouvernement die Regierung.

la défense die Verteidigung.

national, e national, volkstümlich.

III. investir einschließen.

un exploit eine (Helden=) That.

la tentative der Versuch.

lever (auf=) heben.

le blocus die Einschließung,
Blockade.

victorieux, se siegreich.

repousser zurückstoßen, =schlagen.

la convention die Übereinkunft,
der Vertrag.

le comte der Graf.

anéantir vernichten.

nommer nennen, ernennen.

le pouvoir die Gewalt, Macht.

exécutif, ve ausübend, vollziehend.

une assemblée eine Versammlung.

les préliminaires *m.* die Prä=
liminarien (vorläufigen Ver=
einbarungen).

le traité der Vertrag.

ratifier bestätigen.

excepté ausgenommen.

inclus einschließlich.

céder abtreten; weichen.

en outre außerdem, überdies.

un milliard eine Milliarde
(= 1000 Millionen).

un franc ein Frank (= 80 Pf.).

payer (be=) zahlen.

l'union f. die Vereinigung.

le rétablissement die Wieder=
herstellung.

enlever aufheben; wegnehmen.

la pièce das Stück.

le canon die Kanone.

la pièce de canon das Geschütz.

11.

l'oiseau-mouche m. der Fliegen=
vogel; Kolibri.

la nature die Natur.

voltiger (umher=) flattern.

la verdure das Grün.

le nid das Nest.

mignon, ne nieblich, zierlich.

la mousse das Moos.

la liane die Liane, Schlingpflanze.

la forme die Form, Gestalt.

la moitié die Hälfte.

le poids das Gewicht, die Last.

la coquille die Muschel; Schale.

la noix die Nuß.

une œuvre ein Werk.

la patience die Gebuld.

frêle zerbrechlich, zart.

léger, ère leicht (an Gewicht).

suspendu,e aufgehängt,schwebend.

se balancer sich schaukeln.

un oranger ein Pomeranzen=,
Apfelsinenbaum.

heureux, se glücklich.

reposer ruhen.

vêtu, e bekleidet.

rose rosenrot.

se loger sich (eine Wohnung)
einrichten.

la bonté die Güte.

étranger, ère fremd.

12.

I. la tempête der Sturm.

bercer wiegen, schaukeln.

doucement sachte, leise.

le vaisseau das Schiff.

longer entlanggehen, =fahren.

la côte die Küste.

le terme die Grenze, das Ziel,
Ende; der Ausdruck.

la traversée die Überfahrt,
(kurze) Seereise.

le soleil die Sonne.

effacer auswischen, auslöschen.

s'effacer erlöschen, verschwinden.

le ciel der Himmel.

se charger sich bewölken.

la lumière das Licht.

troubler trüben; stören.

le capitaine der Kapitän.

la rive das Ufer.

changer (ver=) ändern, wechseln.

l'orage m. das Gewitter.

devancer qn. vor jemand her=
gehen, ihm zuvorkommen.

annoncer ankündigen.

regagner wiedergewinnen,
=erreichen.

II. énorme ungeheuer.

la vague die Woge, Welle.

soulever in die Höhe heben.

amener (die Segel) streichen, einziehen.

la voile das Segel.

le matelot der Matrose.

répéter wiederholen.

obéir gehorchen.

le vent der Wind.

debout aufrecht, stehend.

près de nahe bei.

le gouvernail das Steuerruder.

régler regeln.

le bâtiment das Gebäude; Schiff, Fahrzeug.

tantôt bald.

considérer betrachten.

l'horizon *m.* der Gesichtskreis, Horizont.

de plus en plus immer mehr.

se promener spazieren gehen, auf= und abgehen.

abréger abkürzen.

modérer mäßigen.

l'inquiétude *f.* die Unruhe.

mortel, le sterblich; tödlich.

l'effroi *m.* der Schrecken.

régner herrschen, regieren.

tout à coup plötzlich.

élever erheben.

pousser stoßen, treiben.

violent, e heftig.

le flanc die Flanke, Seite.

le navire das Schiff.

le craquement das Krachen.

entendre hören; verstehen.

protéger (be=) schirmen, (be=) schützen.

III. c'en est fait die Sache ist aus.

toucher rühren, berühren; nahe sein; auf den Sand geraten.

le sable der Sand.

redoubler (sich) verdoppeln.

le tonnerre der Donner.

gronder (dumpf) rollen.

un éclair ein Blitz.

étinceler funkeln, schimmern.

le pont die Brücke; das Deck.

la masse die Masse, Menge.

la quille der Kiel.

s'enfoncer sich senken, (ver=) sinken.

profond, e tief.

le cri der Ruf, Schrei.

le grincement das Knirschen.

chanceler wanken.

mêler (ver=) mischen, (ver=) mengen.

désespérer verzweifeln.

pareil, le gleich, ähnlich; solch.

l'espérance *f.* die Hoffnung.

IV. hors de außerhalb, außer.

le genou das Knie.

supplier auflehen, inständig bitten.

laisser lassen, verlassen.

périr untergehen, umkommen.

désarmer entwaffnen.

devant vor; vorn.

aveugle blind.

balayer (aus=, weg=) fegen.

renverser umkehren, umstoßen, niederreißen.

broyer (zer=) reiben, (zer=) stoßen.

le moyen das Mittel.
le témoin der Zeuge.
la proposition der Vorschlag, Antrag.
agréer genehmigen.
en un clin d'œil in einem Augenblick.
déployer ausbreiten, entfalten.
noyer ertränken.
se noyer ertrinken.
glisser gleiten.
dépasser überholen, hinausfahren über.
voguer dahin schwimmen.
furieux, se rasend, wütend.
désormais von nun an, hinfort.
impuissant, e ohnmächtig.

13.

s'appeler sich nennen, heißen.

14.

la visite der Besuch.
matinal, e morgendlich; früh aufstehend.
se lever aufstehen.
se porter sich befinden.
contraire entgegengesetzt, widrig.
au contraire im Gegenteil.
la honte die Scham, Schande.
avoir honte sich schämen.
pas du tout keineswegs.
se coucher sich niederlegen, zu Bett gehen.
demi, e halb.
laver waschen.
se dépêcher sich beeilen.

habiller (an-, be-) kleiden.
peigner kämmen.
brosser bürsten.
se baigner (sich) baden.
la natation das Schwimmen.
s'imaginer sich denken.
à temps zu rechter Zeit.
tromper täuschen, betrügen.
se moquer de sich aufhalten über.
quelconque irgend ein.
le bain das Bad.

15.

s'approcher de sich nähern.
le trône der Thron.
on veut man will.
la créature das Geschöpf.
orner de schmücken, zieren mit.
corriger (ver-) bessern, berichtigen.
le sourire das Lächeln.
possible möglich.
rapide schnell, rasch.
la jambe das Bein.
le cou der Hals.
le cygne der Schwan.
déparer verunstalten, entstellen.
le poitrail die (Pferde-) Brust.
large breit.
augmenter (sich) vermehren.
destiner bestimmen.
la selle der Sattel.
prononcer aussprechen.
la parole das Wort.
créateur, trice Schöpfer (in); schöpferisch.
la matière der Stoff, die Materie.
vilain, e garstig, häßlich.

se présenter fidj vorſtellen,
erſcheinen.
céleste himmliſch.
l'horreur f. der Schauder, Abſcheu.
le dégoût der Efel, Berdruß.
naturel, le natürlich.
transformer umbilden, ver=
wandeln.
instruit unterrichtet, belehrt.
punir (be=) ſtrafen.
afin que damit.
le souvenir die Erinnerung, das
Andenken.
la témérité die Bermeſſenheit,
Unbeſonnenheit.
ordonner befehlen.
exister daſein, beſtehen.
frissonner ſchaudern.

16.

prodigue verſchwenderiſch.
l'enfant prodigue der verlorene
Sohn.
la promenade der Spaziergang,
Spazierweg.
sembler ſcheinen.
accabler zu Boden drücken,
übermannen.
le chagrin der Gram, Kummer.
grand, e vornehm, edel.
inspirer eingeben, einflößen.
vif, ve lebendig, lebhaft.
l'intérêt m. das Intereſſe, der
Anteil, die Teilnahme.
la question die Frage.
indiscret, ète unbeſcheiden,
zudringlich.

impossible unmöglich.
franc, che frei, freimütig, auf=
richtig.
utile nützlich.
passer pour gelten für.
honorable ehrenvoll, ehrenwert.
dès von .. an, ſeit.
jaloux, se eiferſüchtig.
fou (fol), folle närriſch, thöricht.
une idée ein Begriff, Gedanke.
l'indépendance f. die Unab=
hängigkeit.
l'esprit m. der Geiſt.
l'héritage m. das Erbe, Erbteil.
éloigner entfernen.
aussitôt que ſobald als.
libre frei.
un écu ein Thaler.
quoique obgleich.
le génie das Genie, der Geiſt.
quand même ſelbſt wenn.
laid, e häßlich, garſtig.
être à la mode modern, ſehr
geſucht, geſeiert ſein.
le ton der Ton.
vide leer.
absolument ſchlechterdings.
la fortune das Glück; Bermögen.
mort, e geſtorben, tot.
la douleur der Schmerz.
le désespoir die Berzweiflung.
le désordre die Unordnung,
Ausſchweifung.

17.

le membre das Glied; Mitglied.
l'estomac m. der Magen.
la conjuration die Berſchwörung.

général, e allgemein.
indigné, e unwillig, entrüstet.
procurer verschaffen.
la bouche der Mund.
mâcher fauen.
un aliment ein Nahrungsmittel,
  eine Speise.
passer zureichen, herüberreichen.
sans que ohne daß.
témoigner (be=) zeugen.
la reconnaissance die Erkennt=
  lichfeit, Dankbarkeit.
condamner verdammen, ver=
  urteilen.
le profit der Gewinn, Nuβen,
  Vorteil.
le tour die Reihe.
à mon tour wenn die Reihe an
  mir ist; meinerseits.
sur pied stehend, wach, munter.
la peine die Mühe.
à peine kaum.
occuper beschäftigen.
le sort das Los, Geschick.
là-dessus darauf (hin).
le corps der Körper, Leib.
humain, e menschlich).
cesser aufhören.
prêter leihen, leisten.
l'appui m. die Stüβe, Unter=
  stüβung, Hilfe.
dompter bezähmen.
entier, ère ganz.
extrême äußerst, außerordentlich.
la langueur die Entkräftung,
  Mattigkeit.
oisif, ve müßig, unthätig.

Stien, Franzöf. Lehrbuch I. B.

18.
le prix der Preis, Wert.
la jeunesse die Jugend.
le naturaliste der Naturforscher.
dormir schlafen.
rare selten.
le sommeil der Schlaf.
dérober stehlen, entziehen.
le domestique der Bediente,
  Diener.
surmonter übersteigen, besiegen.
la paresse die Faulheit.
se passer verfließen; sich ereignen.
guérir heilen.
la maladie die Krankheit.
arriver sich zutragen, geschehen,
  sich ereignen.
réussir Erfolg haben, gelingen.
s'engager sich anheischig machen,
  sich verpflichten.
pour que damit.
fixer befestigen; festseβen,
  bestimmen.
renvoyer fortschicken, ver=
  abschieden.
brusque ungestüm, barsch.
suivant, e folgend.
la menace die Drohung.
se fâcher sich ärgern, böse
  werden.
sérieux, se ernst, ernstlich.
la promesse das Versprechen.
l'attention f. die Aufmerksamkeit.
faire attention à achtgeben auf.
malgré moi wider meinen Willen.
l'humeur f. die Laune.
récompenser belohnen.

8

la fermeté die Festigkeit.
le remercîment der Dank.
le maître der Herr; Meister.

démentir Lügen strafen.
la prévision die Vermutung.
autrefois ehemals, einstmals.

19.

la lecture das Lesen, die Lektüre.
rappeler zurückrufen.
se rappeler qch. sich etwas ins
Gedächtnis zurückrufen, sich
erinnern an.
la librairie die Buchhandlung.
dès que sobald als.
le libraire der Buchhändler.
la gravure der Stich, die Ab-
bildung.
curieux, se neugierig.
le neveu der Neffe.
Noël m. Weihnachten.
le timbre der Stempel.
le timbre-poste die Briefmarke.

20.

sortir (hin-) ausgehen.
ouvrir öffnen.
sentir fühlen, empfinden; riechen.
tout à fait ganz (und gar), völlig.
tant mieux desto besser, um so
besser.
servir dienen, bedienen; auftragen.
partir abreisen, weggehen, aufbrechen.
préférer vorziehen.
se repentir de qch. etwas
bereuen.
le médecin der Arzt.
consentir à qch. in etwas ein-
willigen, zustimmen.

21.

le chardon die Distel.
la plante die Pflanze.
le parfum der Wohlgeruch, Duft.
la beauté die Schönheit.
détester verabscheuen.
jalouser eifersüchtig sein,
beneiden.
l'éclat m. der Glanz, die Pracht.
la rose die Rose.
odorant, e duftend.
posséder besitzen.
une épine ein Dorn.
un attrait ein Reiz.
le mal das Böse, Übel, Leiden.
racheter loskaufen, wieder gut-
machen.
entêté, e eigensinnig.
fuir fliehen.
un endroit ein Ort, Platz, eine
Stelle.
impur, e unrein.
le fossé der Graben.
un angle ein Winkel.
traiter behandeln.
un être ein Wesen.
le pardon die Verzeihung.
arracher ausreißen, entreißen.
à l'envi um die Wette.
le terrain der Boden, das Erd-
reich).
fertile fruchtbar.
un âne ein Esel.

22.

ıe théâtre das Theater.
cela das, jenes.
remercier qn. jemandem danken.
aller chercher holen.
la permission die Erlaubniß.
le fauteuil der Armfessel, Lehn=
stuhl.
l'orchestre m. das Orchester;
Parkett.
un centime = $^1/_{100}$ Frank.
représenter darstellen.
la comédie das Lustspiel.
avare geizig; s. Geizhals.
cela va sans dire das versteht
sich von selbst.
s'en aller fort=, weggehen.

23.

venir kommen.
de la part de von seiten, im
Auftrage.
dire sagen.
apprêter vorbereiten, zurecht=
machen.
avancer vorwärtsgehen, vorrücken.
combler überhäufen, erfüllen.

24.

la corne das Horn.
revenir wiederkehren, zurück=
kommen.
le labeur die (mühevolle) Arbeit.
nicher nisten.
se nicher sich einnisten.
percher sich setzen (von Vögeln).
pouvoir können.

ignorer nicht wissen.
venir de faire qch. etwas soeben
gethan haben.
labourer ackern, pflügen.

25.

le rouge-gorge das Rotkehlchen.
rigoureux, se streng, hart, rauh.
le villageois der Dorfbewohner,
Landmann.
accueillir aufnehmen, empfangen.
la bête das Tier.
la confiance das Vertrauen,
Zutrauen.
la miette das Krümchen.
aussi deshalb, folglich.
la campagne das Land, Feld.
la haie die Hecke.
le buisson der Busch, Strauch.
couvrir de bedecken mit.
l'hôte m. der Gast.
voisin, e benachbart, nahe.
l'air m. die Luft; die Weise,
das Lied; die Miene.
la compagne die Gefährtin,
Begleiterin.
le campagnard der Landmann.
se réjouir sich freuen.
voir sehen.
vouloir wollen.

26.

la bruyère das Heidekraut, =land.
la fraicheur die Frische.
ravir rauben; entzücken.
s'arrêter stehen bleiben, anhalten.
cueillir pflücken, (ab=) brechen.

8*

piquer ſtechen.

souffrir (er=) leiden, dulden.

fier, ère ſtolz.

sauvage wild.

falloir müſſen, nötig ſein.

27.

le départ die Abfahrt, Abreiſe, der Aufbruch.

le courage der Mut.

remettre wieder hinbringen, über= geben.

se remettre à l'ouvrage ſich wieder an die Arbeit machen.

la relâche die Unterbrechung.

s'appliquer ſich befleißigen.

semer ſäen.

28.

croire glauben; halten für etwas.

pur, e rein.

apercevoir bemerken.

décevoir täuſchen.

prévoir voraus=, vorherſehen.

la récolte die Ernte.

la colline der Hügel.

mouvoir bewegen.

le lointain die Ferne.

chaud, e warm, heiß.

le verger der Baum=, Obſt= garten.

la ferme das Pachtgut, die Farm.

restaurer wiederherſtellen.

se restaurer ſich erquicken, erholen.

savoir wiſſen, verſtehen, können.

recevoir empfangen, erhalten.

appartenir gehören.

la rencontre die Begegnung. Das Zuſammentreffen.

à la rencontre de qn. jemandem entgegen.

bienvenu, e willkommen.

devoir müſſen, ſollen; ſchuldig ſein, verdanken.

la soif der Durſt.

29.

en plein été mitten im Sommer.

le thermomètre das Thermo= meter.

le degré der Grad.

parfois bisweilen.

dur, e hart.

étudier ſtudieren.

une allée ein Baumgang.

clouer nageln; feſſeln an etwas.

le camarade der Kamerad.

irrésistible unwiderſtehlich.

lutter kämpfen, ringen.

secouer ſchütteln.

le plomb das Blei.

saisir ergreifen.

s'apercevoir de qch. etwas be= merken.

réveiller (wieder) aufwecken.

excuser entſchuldigen.

caresser liebkoſen.

le reproche der Vorwurf.

la fatigue die Ermüdung; Be= ſchwerde, Strapaze.

30.

le charbonnier der Kohlen= brenner, =händler.

la barbe der Bart.

se quereller sich zanken.

haut laut.

le vaurien der Taugenichts.

devenir werden.

la larme die Thräne.

de retour zurückgekehrt.

déposer niederlegen.

la plainte die Klage.

justement gerade, eben.

un ouvrier ein Arbeiter.

accuser anklagen.

le sourcil die Augenbraue.

froncer le sourcil die Stirn
runzeln.

rougir rot werden, erröten.

placer (hin=) legen, stellen.

la face das Antlitz.

en face de gegenüber von.

intervenir dazwischen treten.

le compte die Rechnung.

tenir compte de Wert legen auf.

une excuse eine Entschuldigung.

faire des excuses à qn. jemand
um Entschuldigung bitten.

injurieux, se beleidigend,
schimpflich.

insensé, e sinnlos.

ignoble unedel.

honorer ehren.

serrer (ver=) schließen; drücken.

le geste die Gebärde.

pensif, ve nachdenklich.

contenter befriedigen.

se contenter de qch. sich mit
etwas begnügen.

le regard der Blick.

affectueux, se herzlich.

se souvenir de qch. sich an
etwas erinnern.

la mine das Aussehen, die Miene,
Haltung.

31.

le dicton das Sprichwort.

apprendre lernen, erfahren.

sain, e gesund.

mais ja, sicherlich.

32.

une invitation eine Einladung.

gras, se fett.

le dimanche gras der Sonntag
vor Aschermittwoch.

prendre nehmen, fassen.

se prendre à qch. sich an etwas
machen, etwas angreifen.

à l'avance im voraus.

souvent oft.

inviter einladen.

la précaution die Vorsicht.

paraître scheinen, erscheinen.

indispensable unerläßlich.

en sorte que so daß, dergestalt
daß.

l'emploi m. der Gebrauch, die
Anwendung.

connaître kennen.

préparer (vor=, zu=) bereiten.

la surprise die Überraschung.

faire part à qn. de qch. jeman=
dem Mitteilung von etwas
machen.

un bal masqué ein Maskenball.

la loterie die Lotterie.

au cas que im Falle daß, falls.

mettre ſetzen, ſtellen, legen.

la confidence die vertrauliche
Mitteilung, das Vertrauen.

autoriser ermächtigen.

le courant der Lauf, Strom;
Gang.

tenir au courant genau unter=
richten, in Kenntniß ſetzen.

s'empresser ſich beeilen.

le monde die Geſellſchaft, Gäſte,
Leute.

le griffonnage das Gekritzel.

une poignée eine Hand voll.

une poignée de main ein
Händedruck.

33.

présent, e anweſend, gegenwärtig.

du haut de von . . . herab.

le lieu der Ort, die Stelle.

luire leuchten, glänzen.

chasser jagen, verjagen.

sombre dunkel, düſter.

le secret das Geheimniß; die
Verſchwiegenheit.

en secret insgeheim.

haïr haſſen.

attirer anziehen.

saint, e heilig.

34.

indifférent, e gleichgültig.

sincère aufrichtig.

attaché, e zugethan.

traduire (vor Gericht) fordern;
überſetzen.

la justice die Gerechtigkeit; das
Gericht, der Gerichtshof.

la faveur die Gunſt.

irriter aufbringen, erregen.

retenir zurückhalten; beſtellen.

suivre qn. einem folgen.

la colère der Zorn.

le juge der Richter.

ardent, e feurig, glühend; eifrig.

absous, te freigeſprochen.

conduire leiten, führen.

se conduire ſich betragen.

le tribunal der Richterſtuhl,
Gerichtshof.

le parent der Verwandte.

le tombeau das Grab.

fréquent, e häufig.

une action eine Handlung.

obtenir erhalten, erlangen.

la grâce die Gnade, Begnadigung;
die Anmut; der Dank.

la faute der Fehler, die Schuld.

35.

écrire ſchreiben.

l'écriture f. die Schrift.

améliorer verbeſſern.

le pâté die Paſtete; der Tinten=
klecks.

plier falten, biegen.

de travers ſchief, der Quere.

la recommandation die Em=
pfehlung.

le professeur der Profeſſor
Lehrer.

le cachet das Petschaft, Siegel,
Gepräge.
l'élégance *f.* die Feinheit, Zierlichkeit.
la propreté die Reinlichkeit,
Sauberkeit.
non plus auch nicht.
la feuille das Blatt; der Bogen
(Papier).
le papier das Papier.
ridicule lächerlich.
impoli. e unhöflich.
le format das Format.
la personne die Person.
les frais *m.* die Kosten.
le rien das Nichts; die Kleinigkeit.
l'orthographe *f.* die Rechtschrei-
bung, Orthographie.
constater feststellen.

36.

un écolier ein Schüler, Schulknabe.
lourd, e schwer, drückend.
se hâter sich beeilen.
au lieu de anstatt.
rire lachen.
apprendre qch. à qn. lehren.
recueillir sammeln, ernten.
l'hirondelle *f.* die Schwalbe.
construire bauen.
le dogue die Dogge, der Bullen-
beißer.
la niche die Hundehütte.
mordre beißen.
ennuyer langweilen.
lire lesen.
la chaîne die Kette.

37.

I. le chat die Katze.
botté gestiefelt.
le meunier der Müller.
le moulin die Mühle.
le partage die Teilung; das
Erbteil.
aîné, e erstgeboren, älter.
consoler trösten.
le lot das Los.
honnête anständig; ehrlich, recht-
schaffen.
le manchon der Muff.
la peau die Haut, das Fell.
mourir sterben.
le discours die Rede.
faire semblant de sich stellen
als ob.
ne faire semblant de rien sich
nichts merken lassen.
la paire das Paar.
la botte der Stiefel.
les broussailles *f.* das Gestrüpp,
Dickicht.
partager qn. einen bedenken.
faire fond sur bauen auf.
le tour das Kunststück, der Streich.
la souplesse die Geschmeidigkeit.
le rat die Ratte.
la souris die Maus.
secourir qn. helfen, unterstützen.
II. se botter sich Stiefel anziehen.
le cordon die Schnur.
la patte die Pfote.
la garenne das Gehege.
le lapin das Kaninchen.
le son die Kleie.

étendre ausbreiten, ausstrecken.
fourrer (hinein=) stecken.
étourdi unbesonnen, leichtsinnig;
s. Leichtfuß.
la miséricorde die Barmherzig=
keit, das Erbarmen.
glorieux, se de qch. stolz auf
etwas.
la proie der Raub, die Beute.
un appartement eine (größere)
Wohnung, ein Gemach.
la révérence die Verbeugung.
Sire allergnädigster Herr!
le marquis der Marquis.
s'aviser sich einfallen lassen.
tenir halten.
la perdrix das Rebhuhn.
boire trinken.

III. la princesse die Prinzessin.
le conseil der Rat(schlag).
conseiller raten.
se mettre à anfangen zu.
le secours die Hilfe.
la portière der Wagenschlag.
reconnaître (wieder=) erkennen,
anerkennen.
la garde die Wache, Garde.
le garde der Wächter, Gardist.
le carrosse die Kutsche, der
Staatswagen.
drôle drollig; *s.* Schelm.
la pierre der Stein.
la garde-robe die Kleiderkammer.
l'habit *m.* das Kleid, der Rock.
la caresse die Liebkosung.
relever aufheben, erhöhen.
bien fait wohl gebaut, gewachsen.

le gré das Belieben, Gefallen.
amoureux, se verliebt.

IV. le dessein die Absicht, der
Plan.
prendre les devants voraus=
eilen.
faucher (ab=) mähen.
le pré die Wiese.
hacher zerhacken.
menu klein, in kleinen Stücken.
la chair das Fleisch.
le faucheur der Mäher, Schnitter.
rapporter wiederbringen, ein=
bringen.
abondant, e überflüssig, reichlich.
le moissonneur der Schnitter.
moissonner ernten.

V. un ogre ein Menschenfresser.
la dépendance die Abhängigkeit.
informer benachrichtigen.
s'informer de sich erkundigen nach.
civil, e bürgerlich; höflich, artig.
se changer sich verwandeln.
un éléphant ein Elefant.
effrayer erschrecken.
la gouttière die Dachrinne.
le péril die Gefahr.
valoir wert sein, gelten.
ne rien valoir nichts taugen.
la tuile der Dachziegel.
avouer gestehen.
courir laufen, rennen.
tôt früh, bald.

VI. dedans darin, hinein.
le dedans das Innere.
le pont-levis die Zugbrücke.

au-devant de entgegen.
environner umgeben.
la qualité die Eigenschaft.
de même que ebenso wie.
le coup der Schluck.
il ne tient qu'à vous es kommt
nur auf Sie an.
le gendre der Schwiegersohn.
accepter annehmen.
épouser heiraten.

38.

ouïr hören.
fameux, se berühmt.
soutenir stützen, behaupten.
le berceau die Wiege.
le mets das Gericht, die Speise.
exquis, e ausgesucht, auserlesen.
tendre weich, zart.
le mardi gras Fastnacht.
la veille die (Nacht-) Wache; der
Tag vorher, Vorabend.
la cendre die Asche.
le mercredi des Cendres
Aschermittwoch.
vertueux, se tugendhaft.
le garçon der Junggeselle.
sitôt que sobald als.
le mari der (Ehe-) Mann.
époux, se s. Gatte, Gattin.
le talent das Talent, die Anlage.
divers, e verschieden.
le vers der Vers.
la prose die Prosa.
le royaume das Königreich.
le bateau das Boot.
soit sei es.

à moins que … ne wofern
nicht, außer wenn.
le tournoi das Turnier.
prêt, e à bereit zu.
fournir sa carrière seine Lauf-
bahn vollenden.
cruel, le grausam.
la plaie die Wunde.

39.

la tragédie das Trauerspiel.
parvenir gelangen.
à force de durch viel.
une intrigue ein Kniff, pl.
Ränke.
le crime das Verbrechen.
l'intention f. die Absicht.
las, se müde.
le joug das Joch.
se soustraire sich entziehen.
décider entscheiden.
marier verheiraten.
adoptif, ve an Kindes Statt
angenommen.
le but der Zweck, das Ziel.
propre eigen.
le plan der Plan.
déjouer vereiteln.
fiancer verloben.
impérial, e kaiserlich.
détenir gefangen halten.
la lueur der Schein.
le flambeau die Fackel.
mander entbieten.
renoncer verzichten.
le refus die Weigerung.
arrêter festnehmen, verhaften.

projeter sich vornehmen, ent=
werfen.

captif, ve gefangen.

une entrevue eine Zusammen=
kunft.

un entretien eine Unterhaltung.

remarquable bemerkenswert.

prodiguer verschwenden.

l'ingratitude *f.* die Undank=
barkeit.

justifier rechtfertigen.

promettre versprechen.

réconcilier versöhnen.

disparaître verschwinden.

déclarer erklären.

le gouverneur der Erzieher.

résolu, e entschlossen.

l'apparence *f.* der Anschein.

la réconciliation die Aus=
söhnung.

assassiner ermorden.

le projet der Plan, Anschlag.

retracer wieder vor die Augen
führen, schildern.

et .. et sowohl .. als auch.

la conséquence die Folge.

pardonner verzeihen.

ramener zurückführen.

le sentiment das Gefühl.

perfide treulos.

la suggestion die Einflüsterung.

en même temps zugleich.

le confident der Vertraute.

le favori der Günstling.

rallumer wieder entzünden.

la haine der Haß.

la vengeance die Rache.

profiter de qch. etwas benutzen.

le festin der Schmaus.

empoisonner vergiften.

convoiter begehren.

échapper entgehen, entschlüpfen.

se réfugier sich flüchten.

le temple der Tempel.

la vestale die Vestalin.

la résolution der Entschluß.

une impression ein Eindruck.

40.

Charlemagne Karl der Große.

le surnom der Beiname.

commun, e gemein(sam).

le consentement die Überein=
stimmung.

la postérité die Nachwelt.

en quelque sorte gewissermaßen.

le nom propre der Eigenname.

la grandeur die Größe.

réel, le wirklich.

le caractère der Charakter.

la conquête die Eroberung.

frapper schlagen, treffen.

l'admiration *f.* die Bewunderung.

le contemporain der Zeitgenosse.

la trempe die Beschaffenheit, Art.

l'âme *f.* die Seele, der Geist.

particulier, ère besonder, eigen=
(tümlich).

le portrait das Bild(nis).

tracer (auf=) zeichnen.

le secrétaire der Geheimschreiber.

le détail die Einzelheit.

juger richten, urteilen; für etwas
halten.

au-dessous de unter(halb).
la dignité die Würde.
le vêtement die Kleidung, das
    Gewand.
le Frank der Franke.
revêtir bekleiden.
la chemise das Hemd.
le caleçon das Unterbeinkleid.
le lin der Flachs, Lein.
la tunique die Tunika.
border einfassen, verbrämen.
la soie die Seide.
les hauts-de-chausses m. die
    Kniehosen.
la bandelette das Bändchen.
ajouter hinzufügen.
la poitrine die Brust.
la veste das Wams.
la loutre die Fischotter.
envelopper einhüllen.
le manteau der Mantel.
Venise f. Venedig.
ceindre umgürten, umgeben.
une épée ein Degen.
la poignée der Griff, das Gefäß.
le baudrier das Wehrgehänge.
quelquefois bisweilen.
un ambassadeur ein Botschafter.
la nation die Nation, das Volk.
la pierre der Stein.
précieux, se kostbar.
différer abweichen.
sobre mäßig.
la nourriture die Nahrung.
la boisson das Getränk, der
    Trank.
en effet in der That.

l'ivresse f. die Trunkenheit.
autant ebensosehr.
s'abstenir sich enthalten.
se plaindre sich beklagen.
le jeûne das Fasten.
nuire schaden.
l'éloquence f. die Beredsamkeit.
exprimer ausdrücken.
maternel, le mütterlich.
latin, e lateinisch.
en public öffentlich.
presque fast.
aussi .. que ebenso .. als.
un art eine Kunst.
les arts libéraux die freien Künste.
le docteur der Doktor, Lehrer.
la grammaire die Grammatik.
le diacre der Diakonus.
la vieillesse das (Greisen-) Alter.
une étude ein Studium.
le précepteur der Hauslehrer,
    Erzieher.
la race das Geschlecht, der Stamm.
saxon, ne sächsisch.
la science die Wissenschaft.
consacrer weihen, widmen.
la rhétorique die Redekunst.
la dialectique die Dialektik.
surtout besonders, vornehmlich.
l'astronomie f. die Sternkunde.
le calcul das Rechnen.
le cours der Lauf.
un astre ein Gestirn.

41.

I. le métier das Handwerk.
vivre leben.

le collège das (städtische) Gymnasium.

la dot die Mitgift.

dominer (be=) herrschen.

le Parisien der Pariser.

le niveau die wagerechte Fläche.

au niveau de auf gleicher Höhe mit.

satisfaire befriedigen.

le désir der Wunsch.

le bien-être der Wohlstand.

le sens der Sinn; die Richtung.

insouciant, e sorglos.

le bonhomme der gut (mütig) e Kerl.

un omnibus ein Omnibus.

la livrée die Livree.

un équipage eine Kutsche.

grave schwer; ernst, feierlich.

étalé hingestreckt.

le coussin das Kissen.

élastique elastisch, federnd.

appuyer stützen.

la canne der Spazierstock.

la pomme der Knopf.

l'ivoire m. das Elfenbein.

envier beneiden.

ci-devant früher, ehemals.

une écurie ein Stall.

louer (ver=) mieten.

le foin das Heu.

le valet der Diener, Knecht.

obliger verpflichten; nötigen.

le fiacre die Droschke.

appliquer anwenden; anpassen.

la nécessité die Notwendigkeit; das Bedürfnis.

le besoin die Not.

le luxe der Aufwand, Luxus.

s'inquiéter de qch. sich über etwas beunruhigen; sich um etwas kümmern.

le caprice die Laune.

bizarre seltsam, wunderlich.

permettre erlauben.

le propos der Zweck, Anlaß.

à tout propos bei jeder Gelegenheit.

II. le commissionnaire der Dienstmann.

le quartier das Viertel.

épais, se dick.

le gaillard der Kerl.

vaste weit.

l'aise m. die Bequemlichkeit; der Wohlstand.

à son aise wohlhabend.

la réserve der Vorbehalt, Vorrat.

la volonté der Wille.

à volonté nach Belieben.

monter v. a. hinaufbringen.

la diligence der Eilwagen.

la cuisinière die Köchin.

le portier der Pförtner.

du reste übrigens.

indépendant, e unabhängig.

intelligent, e klug, umsichtig.

le cultivateur der Landwirt.

parcourir durchlaufen.

discret, ète verschwiegen.

un épicier ein Spezereihändler, Krämer.

42.

la querelle der Streit, Zank.
copier abſchreiben.
le coude der Ellenbogen.
sourire lächeln.
exprès adv. eigens; abſichtlich.
s'en tenir là es bei etwas be=
wenden laſſen.
déplaire mißfallen.
se venger ſich rächen.
la page die (Buch=) Seite.
la calligraphie die Schön=
ſchreibekunſt.
la colère der Zorn.
dehors draußen.
mal à son aise unwohl.
le reste der Reſt, das Übrige.
offenser beleidigen.
attrister betrüben.
empêcher (ver=) hindern.
avant adv. vorher.
interloquer in Verwirrung ſeßen.
s'élancer ſich ſtürzen.
la dispute der Streit, Wort=
wechſel.
manquer de qch. ermangeln.

43.

s'entr'aider einander beiſtehen.
le serviteur der Diener.
faible ſchwach.
convenir paſſen, anſtehen.
avoir besoin de qch. etwas
nötig haben, brauchen.
autrui andere(r).
semblable ähnlich.
mon semblable meinesgleichen.

la peine, der Schmerz, Kummer,
Gram.
l'assistance f. der Beiſtand.
assister qn. einem beiſtehen.
l'embarras m. die Verlegenheit.
le calme die Ruhe.
une action eine Handlung.
fécond, e fruchtbar.
produire hervorbringen.
une occasion eine Gelegenheit.
l'aide f. die Hilfe.
la pauvreté die Armut.
la charité die (Nächſten=) Liebe.
prendre soin de qch. für etwas
Sorge tragen.
la portée die Tragweite; der
Bereich.
profiter nüßlich ſein.
la compassion das Bei=, Mitleid.
la consolation der Troſt.
faute de in Ermangelung von.
ranimer wieder beleben.
la potion der Arzneitrank.
cordial, e herzſtärkend.
pénible mühſam; peinlich.
embarrassant, e mißlich.
s'efforcer ſich anſtrengen,
bemühen.
mesurer meſſen; abwägen.
craindre ſich fürchten.
abaisser erniedrigen.
l'oubli m. das Vergeſſen, die
Vergeſſenheit.
une injure eine Beleidigung.
le lieu der Anlaß, die Urſache.
en vouloir à qn. auf einen
böſe ſein.

coupable ſchuldig.

le ressentiment der Groll.

agiter bewegen, erregen.

le rêve der Traum.

44.

l'amusette *f.* der Zeitvertreib, die Kurzweil.

coi ruhig, ſtill.

le poisson der Fiſch.

la boisson das Getränk, der Trank.

le poison das Gift.

déclarer erklären.

l'Aragon *m.* Aragonien.

le thé der Thee.

ôter fort=, abnehmen; vertreiben.

la toux der Huſten.

le saucisson die Wurſt.

ceci dies.

le succès der Erfolg.

le chasseur der Jäger.

le rôt der Braten.

tenter verſuchen; locken, reizen.

brûler (ver=) brennen.

45.

la devinette das (kleine) Rätſel.

de grâce bitte!

le silence das (Still=) Schweigen.